名师名校名校长

凝聚名师共识
圆志名师关怀
打造名师品牌
培育名师群体

耿忠逸影

信息技术在高中物理教学中的应用

石友仁 ◎ 著

中国出版集团　现代出版社

图书在版编目（CIP）数据

信息技术在高中物理教学中的应用 / 石友仁著. —
北京：现代出版社，2023.5

ISBN 978-7-5231-0291-6

Ⅰ.①信… Ⅱ.①石… Ⅲ.①信息技术—应用—中学
物理课—教学研究—高中 Ⅳ.①G633.72

中国国家版本馆CIP数据核字（2023）第073985号

信息技术在高中物理教学中的应用

作　　者　石友仁
责任编辑　李　昂
出版发行　现代出版社
地　　址　北京市安定门外安华里504号
邮政编码　100011
电　　话　010-64267325　64245264
网　　址　www.1980xd.com
印　　制　北京政采印刷服务有限公司
开　　本　710mm×1000mm　1/16
印　　张　13.25
字　　数　212千字
版　　次　2023年5月第1版　　2023年5月第1次印刷
书　　号　ISBN 978-7-5231-0291-6
定　　价　58.00元

序 言

PREFACE

　　信息技术日新月异，其在高中物理教学中的应用，已从最初仅满足于文字、图像、动画、音频、视频的多方位呈现，逐步向互动、分享、智能、大数据等更为先进的方向发展，更加体现了以人为本的交互理念。高中物理教师在学生心目中无疑是"科技达人"，是将知识与实践相结合的引领者。因此，高中物理教师不能满足于掌握一些表层、简单的"多媒体技术"，而要紧跟科技发展步伐，不断学习，多方位掌握最新的信息技术，力求将高中物理课堂打造成深入浅出、妙趣横生、学以致用、分享成功的优质课堂。

　　融合信息技术的课堂测评，能够丰富课堂测评的活动形式，提高学生参与活动的兴趣和积极性，提高测验和练习的评价与反馈效率，为教学策略的调整、实施差异化教学提供依据，有助于教师通过积累形成测验与练习的资源库。本书第一章通过对一些软件在物理学科教学中应用的介绍，指导教师科学地运用信息技术开展物理测验和练习。

　　高中物理微课程，根据要表达的内容与应用目的，可以分为六种类型：理论讲授型、推理演算型、答疑解惑型、情感感悟型、技能训练型、实验操作型。本书第二章逐一研究这六类微课程的特点，分析设计与制作的要领，并结合案例，从内容设计、制作手法两个层面进行探讨。本章还呈现了部分教师、校长和学生对不同学科微课程的看法和期望。然后，从大脑对信息处理的原理出发，进一步探讨优质微课程的开发流程，并强调配音语言的重要性。

　　微课程的重要组成部分是微视频，本书第三章详细阐述了微视频的设计与制作的四种方式，即拍摄、录屏、PPT、动画；微视频的二次加工与微课合成和发布的常用方法。

　　在日常教学中用到的信息技术，终究绕不开音视频编辑、运用PPT制作动画等较为专业的操作技能。本书第四章结合高中物理教学实践，优选了一些常用软件，通过详细的操作示范，力求进一步提升教师制作优质微视频的技能。

信息技术的不断发展给高中物理教学提供了更多的资源，同时也提供了多种教学方式。在教学中我们既要充分利用这一现代工具，也要力避其不足，激发学生的学习兴趣，构建高效课堂，提升教学质量，达到既完成教学目标，又培养更高素质人才这一最终目标。为此，我们在信息技术飞速发展的今天，对新式信息技术在高中物理教学中的应用进行深入研究是大有裨益的。

石友仁

2022年10月

目 录
CONTENTS

第四章
新式信息技术的介绍与应用

第一章

融合信息技术的课堂测评

第一节　功能与作用

当信息技术为我们的教育服务时，智慧教室就应运而生了。智慧教室是一种以网络环境为依托，由电子白板、交互平板、智能终端（移动 Pad、手机、计算机等）、实物展台、投影仪等多媒体教学仪器设备共同构建的新型教学环境，智慧教室的产生让学生智能化学习成为可能。在一些智慧教室中，粉笔和黑板都不见了，取而代之的是交互式电子白板或者是数据显示屏。在这样的环境下，我们就可以一边播放 PPT，一边进行板书的讲解或者数据的呈现。双板的运用，可以相互补充，任意穿插，从而改变了我们以往那种线性的教学习惯，方便教师对教学内容进行更加直观和生动的呈现。见图 1-1-1。

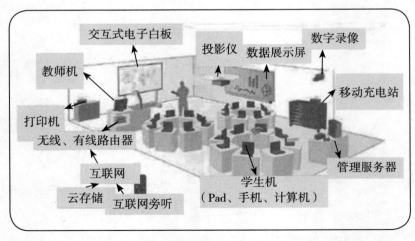

图 1-1-1　智慧教室的组建要素

在这样的教室中，一般都安装有录播设备，这些录播设备可以对整个教学过程进行录像或者直播，同时教室内课桌的搭配更加适合学生进行讨论式学习或者探究式学习，每个学生都可以通过移动终端来进行试题解答，或者进行自主学习。教学平台可以与多种移动终端互动，教师可以将课件、资料、测试题等发送到每一个学生的移动终端上，并且可以随时对学习终端上的内容加以调取，从而加强学生与教师之间的互动和沟通。信息技术与课堂教学的结合，大大提高了教学的灵活性，从而使得课堂教学实施和课堂教学评价都发生了巨大变化。

融合了信息技术的测评能够在课堂教学中发挥哪些作用呢？

一、丰富课堂测评的活动形式

在目前的常规课堂上，测验与练习方式主要有两种：一种是通过 PPT 来呈现问题，由学生集体回答或者个别作答；另一种是通过设计学案或者学生的活动单，进行纸笔作答。试题的种类可能有选择、填空、判断、计算、作图等一系列常规试题。教师在与学生进行个体互动，或者进行全班纸笔作答巡视的过程中，通过追问或者视察等手段，了解学生的学习情况，进而推测整个班级学习的情况。在这样的检测方式中，其实每位教师都知道：教师很难关注到每一个学生，无法对每一个学生都给予及时、正确的反馈。

那么在这种情况下，信息技术可以做些什么？除了上述常规题型之外，有了信息技术的支持，我们还可以设计知识匹配题、知识分类题、分组对抗题。这些题型不只具有界面设计生动活泼、操作简单、趣味性强的特点，还可以进行答案自动批改与试题及时反馈。

例如，教师需要学生进行选项匹配，学生可以通过简单的拖拽解题，在解题结束后单击"检查答案"按钮，就可以迅速看到这道题是否做对的反馈信息。如果有一些题目出现了错误，就会自动弹回，学生就知道自己在哪些题目中出现了错误，哪些题目需要重新解答。在知识分类题中也是一样的，学生在进行选项拖拽的过程中，如果出现了错误，这些选项也会被及时弹回。

后台的这样一些自动化设置，使得学生无须等待教师的反馈，就可以迅速发现自己的错误，并及时改正。在这样的测试与解答过程中，学生对知识的理解是在"不断答题、发现错误、重新修正"的过程中慢慢趋于完善的。这样的过程既是测试，也是学习，并且是一种以学生自主发展为主的学习过程。

二、提高学生参与活动的兴趣和积极性

从心理学角度来说，这种建立在人机互动基础上的测试，大大减少了学生直接面对教师巡视或者教师提问时的紧张感，能够增强学生的自信心，给学生一种更好的答题体验、学习体验或情感体验。而且测试类型更加多元，测试方式更加生动有趣，测试反馈更加及时，准确的互动模式必然能够提高学生参与活动的兴趣和积极性。

三、提高测验与练习活动评价及反馈的效率

以上人机互动的过程中，机器所给予的响应不局限于对个体答案对错的简单判断，还可能是对所有学生测试数据的迅速采集和分析统计。有了技术的支持，教师可以快速了解、掌握全班学生的答题情况，提高测试与练习评价反馈的效率。

在学生作答的同时，大屏幕上可以及时显示学生答题的情况，教师既可以看到个体学生是否进行了答题，也可以看到该题的整体答题准确率，还能看到全班对某一个选项选择的百分比情况，每个学生的答题情况一目了然。

四、为教学策略的调整、差异化学习提供依据

例如，有的软件用红色柱体代表错误选项的百分率，用绿色柱体代表正确选项的百分率，如果红色柱体的长度远远超过了绿色柱体的长度，就说明学生对本题的理解存在一定的问题。教师可以根据课堂生成的实时信息，及

时诊断学生掌握情况，进行教学内容或者教学进度的调整。

当然，教师在进行课堂检测设计时，对于哪些试题容易出错，是有自己的预判的。这种预判不借助数据也可以呈现。但是，教师在课堂上将这些数据呈现出来，一方面，可以印证教师的预判是否准确，或者帮助教师更加准确地做出判断；另一方面，这是将教学过程中学生的难点、易错点以一种更加具有视觉冲击效果的方式呈现出来，从而引起学生的关注和重视，在帮助学生理解知识的同时帮助学生形成情境记忆。

五、有助于通过积累形成测验与练习的资源库

教师在编辑设计课堂练习的同时，也是在建立自己的教学资源库，为后续的备课与教学提供资源，提升效率。

第二节　常用课堂测评技术介绍

了解了信息技术对课堂测评的基本作用后，我们再来具体看看常用的课堂测评技术有哪些。这里介绍四种常用工具：101教育PPT和希沃白板，能够丰富我们课堂检测的形式和方式，优化我们的"测"；而问卷星和百一测评用于优化课堂检测的统计和反馈，优化我们的"评"。

一、101教育PPT

101教育PPT是一款服务教师用户的备授课软件，内含丰富的教学资源和课件素材，可实现一键备课。如果用于高中物理学科教学，此软件的主要优势和特点如下。见图1-2-1。

图1-2-1　101教育PPT软件界面

1. 主要优势

（1）课件云储存。授课前，教师往往需要将课件拷贝在 U 盘里，带到课堂上使用，过程较为烦琐。教师可以使用 101 教育 PPT "我的网盘"功能，备课完成后，将备课资料一键上传，存到软件中，系统会自动根据文件属性进行类别划分。在家里、学校或其他地方，只要能连接网络，就可以下载、编辑网盘里的文件。

（2）移动式教学。课堂教学时，教师只要使用 101 教育 PPT 手机端 App，扫描 PC 端屏幕上的二维码，就能够通过手机 App 上的"遥控器"对当前课件进行远程控制，从而从讲台讲解中解放出来。教师需要讲评作业时，可以利用手机拍下学生的答题情况，一键上传图片后就可以在电脑端、投影屏上同步放映。在移动端，还可以做一些简单的课件制作工作，方便教师在不能使用电脑时临时调整课件。

（3）课堂互动。101 教育 PPT 突破了传统的 PPT 展示，教师可以通过图片快传、视频快传、鼓励等操作营造课堂气氛，使课堂独具匠心。聚光灯、放大镜等工具可以帮助聚焦学生的注意力；点赞、送花等工具可以激发学生的学习兴趣；随机点名、接龙活动、团队竞赛等工具可以帮助教师开展课堂活动，活跃课堂气氛。

（4）学科工具。针对各学科教学重难点及呈现方式的需求，101 教育 PPT 提供与学科知识点相匹配的学科工具，将复杂的知识生动地展示出来，为学生提供从抽象概念到可视化实物之间的演示。101 教育 PPT 提供的学科工具覆盖语文、数学、英语、物理等重点学科的教学重难点，原本 2～3 张 PPT 才能讲明白的问题，只需要演示一下学科工具就能让学生理解重难点，辅助教师突破教学重难点。

（5）教学资源。101 教育 PPT 为教师配备了教学资源库，除了课件素材、电子教材、学科工具、3D/VR（3D/ 虚拟现实）资源以及系统资源外，还有多媒体资源以及 PPT 模板等各类教学资源。101 教育 PPT 提供的教学资源均来自国内外知名教育机构及内容生产商的授权。101 教育 PPT 智能匹配课件资源，教师只要选择所需备课的课程章节，就能立即获取对应的备课课件及相关教学资源，一键调用，节省备课时间。101教育PPT将VR技术引入教学，制作了近4万个3D教学资源和VR教学资源。教师在备课时可以利用这些3D/VR资源，三维立体化呈现教学内容，激发学生的学习兴趣，让学生在情境式的学习环境中积极参与互动，活跃课堂学习气氛。

（6）学情分析。101教育PPT可以全面记录教学和学习数据，自动形成统计分析报告，辅助学校、区域的教务管理工作，加强家校沟通与合作。

（7）AI（人工智能）助教。教师可以通过手机端语音指令控制AI助教，从而操控整个课堂；学生通过人脸识别就能线上签到，作业通过101教育PPT中的AI助教就能实现个性化定制和线上批改。AI助教不仅实现了课堂数据的实时反馈，还能及时追踪课后数据，将根据学生在课堂上的数据反馈，有针对性地布置适合他们个人水平的习题，并进行线上批改，帮助学生课后提高。

（8）多对一。多台手机设备连接时，可以帮助教师实现公开课远程预览课件内容、多位教师共同演讲操作同一PPT课件的效果。

（9）传图识字。教师可以通过手机端的传图识字功能，将课件里的图片、文字变成文本，复制到电子文档里面，然后插入课件或上传至网盘，免去了打字的过程。

（10）手机跟拍。教师可以通过手机端一边用手机对课堂进行实时拍摄，一边将拍摄画面同步到PC端，放映在屏幕上。

2. 显著特点

打开101教育PPT，可以看到主页面直接调用了本台电脑的默认Office软件，但是外框多出了两个部分：第一部分是在最上面加入了"插入"和"新建习题"两个按钮；第二部分是在整个页面的右侧插入了一些教学资源的菜单栏。见图1-2-2。

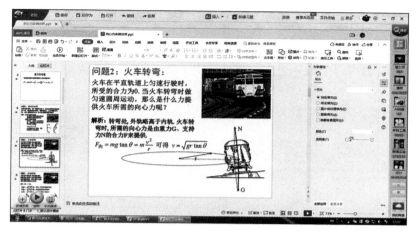

图 1-2-2　101 教育 PPT 主页面

　　101 教育 PPT 的第一个显著特点是题型多样、选择面广。单击"新建习题"，可以看到界面罗列了大量题型，有常用的选择与填空、配对与排序、主观题、学科题型等。可惜目前系统提供的现有题型仅适用于语文、数学、英语三科，没有物理学科现成的题型资源。但是，我们可以选择某一种合适的题型，然后单击"+创建"，在模板的基础上编辑出物理学科题型，并最终插入 PPT。见图 1-2-3。

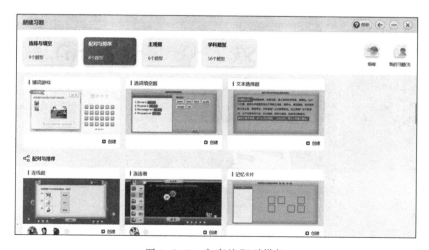

图 1-2-3　丰富的题型模板

例如，点开"配对与排序"题型中的"连线题"右下角的"+创建"，教师输入目标题、倒计时时长，并按正确的配对顺序输入选项的文字，最后按"预览"就可以生成一道连线题。见图1-2-4、图1-2-5。

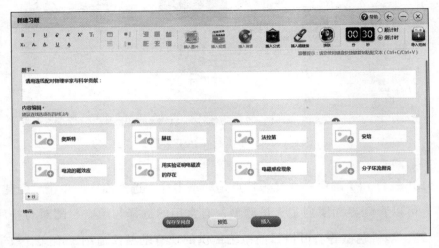

图1-2-4 套用模板编辑连线题

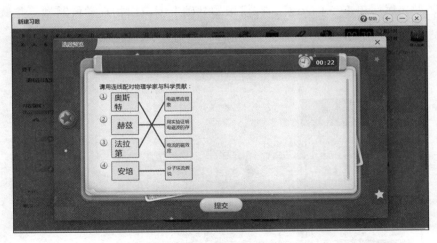

图1-2-5 连线题的学生答题界面

101教育PPT的第二个特点是有一个强大的资源库。在这个资源库中，教师可以通过设置自己的学段、学科，选择教材的出版社，在搜索栏输入关键词来进行内容检索。例如，搜索"高中 物理 人教版高中物理选修 3-1 静电感应"，就会显示很多与静电感应相关的教学资源，可以是视频、动画、3D虚拟实验室以及课件、试题等，种类非常丰富，制作非常精美。见图 1-2-6、图 1-2-7。

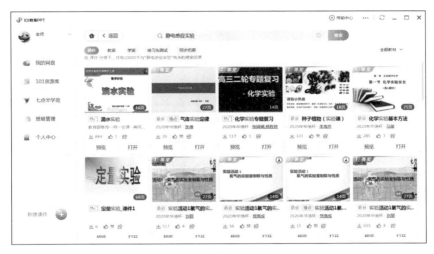

图 1-2-6　搜索教学资源

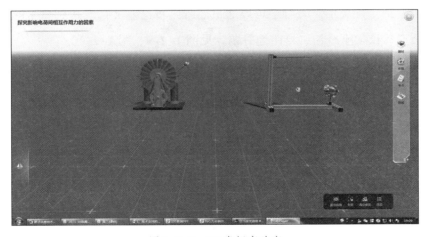

图 1-2-7　3D 虚拟实验室

单击 PPT 右边的"习题/试卷"按钮，可以搜索到大量相关习题。选中我们所需要的试题，也可以进行试题"再编辑"，这样的资源库大大方便了教师进行一站式备课。见图 1-2-8。

图 1-2-8　搜索习题，插入 PPT 或组卷

101 教育 PPT 的第三个特点是轻松传输，操作方便。教师完成课堂检测的设置之后，可以继续点击页面上方的"文件传输"按钮，就会立即弹出一个二维码。教师用手机扫描二维码，则可以在手机终端进行远程操控，从而使课堂变得更加灵活。教师也可以通过二维码将这些文档发送到学生的手机或平板上，让学生轻松、自由地答题。见图 1-2-9、图 1-2-10。

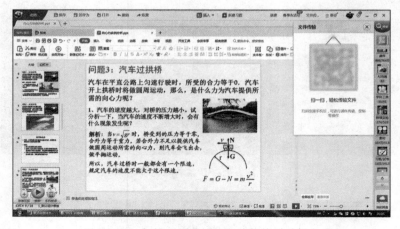

图 1-2-9　扫描二维码，将文件传输到手机上

图 1-2-10　手机上控制电脑 PPT 播放

101 教育 PPT 在检测方面的第四个特点是布置作业方便，统计分析迅速。在页面的右上方点开"≡更多"→"作业"按钮，教师可以在这里轻松地进行作业的编辑、定向发布、内容查看、分析统计等。其中作业的定向发布非常简单，跟我们在微信群中的操作非常相似，可以面向所有的学生发送学习内容，也可以 @ 个别人，将作业内容仅发送给有需求的人。进行作业的定向发布时，教师可以选择需要完成作业的学生，也可以选择需要进行个别化辅导或者专项训练的学生，来进行习题检测。见图 1-2-11。

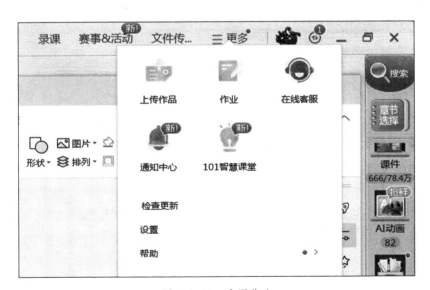

图 1-2-11　布置作业

二、希沃白板

最近几年，在各中小学信息化教室改造过程中，很多学校将以往的投影仪或电子白板替换成了希沃一体机或者希沃智能交互平板。希沃白板就是为了配合希沃一体机而同步研发的一款以多媒体交互白板工具为应用核心的，能够提供云课件、素材加工、学科教学等多种备课、授课常用功能的，专门针对信息化教学而设计的一种互动式多媒体教学平台。希沃白板的主要特点，简单来说，可以归纳为操作简单、互动界面生动活泼、课堂测评趣味性强。见图 1-2-12。

图 1-2-12　希沃白板软件界面

希沃白板课件编辑的界面、设置、操作与 PPT 非常相似，主要菜单栏也在上方。除了与 PPT 相似的文本插入、形状插入、多媒体插入之外，主要增加了课堂活动、思维导图、物理线图、统计图表、学科工具等几个按钮。见图 1-2-13。

图 1-2-13 课件编辑界面

下面重点介绍"课堂活动"。单击"课堂活动"按钮，能够看到希沃白板提供的一些常见试题类型，如趣味分类、超级分类、选词填空、知识匹配、分组竞争、判断对错、趣味选择等。与 101 教育 PPT 类似，希沃白板提供的试题类型只是模板，教师点开后可以按提示进行编辑，自行制作各类题型。设计完成单击"完成"按钮，本题就会自动插入 PPT 的页面插入点。见图 1-2-14。

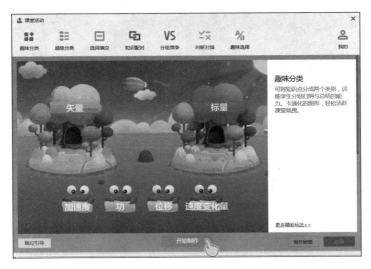

图 1-2-14 希沃白板→课堂活动→趣味分类

　　其中，分组竞争题可用于学生同桌之间相互比拼，也可以在课堂上进行小组之间相互对抗。这类题型可以充分激发学生学习的兴趣和积极性。见图 1-2-15、图 1-2-16。

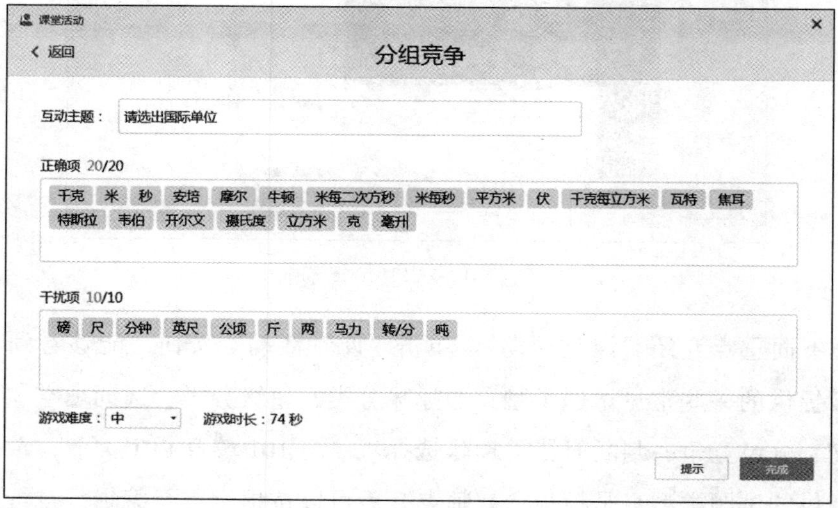

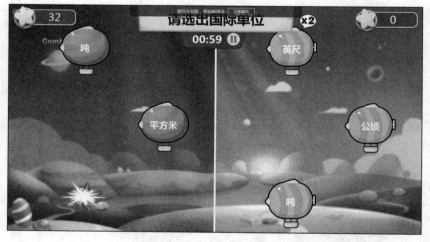

图 1-2-15　编辑一道分组竞争题

图 1-2-16　分组竞争学生答题界面

　　我们曾以为这种类型的教学活动只适用于小学低年段或者初中低年段，但是在实际教学实践中我们发现，其实对于高中高年级的学生来说，这种对抗测试的效果也非常好，学生的好胜心在瞬间被激发出来，注意力能够很快地聚焦。

仿真实验就是专门针对物理学科开发的，其中的"物理线图"用于训练学生绘制电路图的能力，快捷、美观，让学生很有成就感。见图1-2-17。

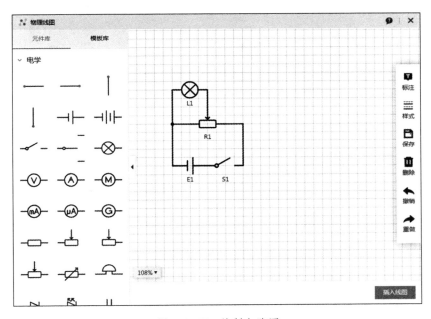

图 1-2-17 绘制电路图

三、问卷星

问卷星是一个网络软件，在浏览器中直接搜索，点开链接即可进入，软件不用安装。其实大部分教师都接触过问卷星，目前我们填写的大部分问卷几乎都是用问卷星设计和发布的。

问卷星编辑起来比较简单，最大的特点就是问卷的发布、统计、回收几乎都是后台自动完成的，发布者只要坐等统计数据出炉就可以了。所以无论是调研机构的专业调研，还是大、中学校学生进行的一些课题研究，在需要进行问卷调查的时候，大家都会首选问卷星。见图1-2-18。

图 1-2-18　问卷星主页

　　问卷星是做调查问卷的，在课堂上它能做什么呢？难道让我们将课堂上所有的测试题都设计成问卷进行发布吗？其实，问卷星主页上有一排非常显眼的文字，它不只是问卷调查，也可以是在线考试！

　　如何利用问卷星进行在线测试呢？注册和登录问卷星之后，打开问卷星就可以看到一个"+创建问卷"按钮。单击这个按钮，可以看到问卷星为我们提供了六种问卷类型，除了平时使用比较多的调查、投票之外，还有表单、360度评估、测评、考试等其他几个按钮。见图 1-2-19。

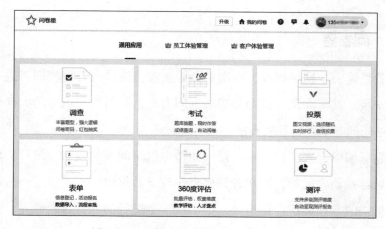

图 1-2-19　问卷星提供的六种问卷类型

　　单击"考试"按钮，输入要创建的"考试问卷名称"，并单击"立即创建"，就会弹出一个添加考试的模板，在这里我们可以自主编辑学生考试信息和考试试题。见图1-2-20、图1-2-21、图1-2-22。

图 1-2-20　添加考试的模板

考试常用设置

定时开始：	✓ 考试开始时间	2022-03-09	8 ∨	00	分

定时结束： ✓ 考试结束时间　2022-03-09　9 ∨　00　分

答题时间限制： 需要在 ▢ 秒 内完成答题❤ 💎

防作弊设置： 答题时超过 ▢ 秒 没有新操作就强制交卷(建议设置为30秒左右)❤ 💎

允许切屏 ▢ 次，超出该次数就强制交卷❤ 💎

作答控制： ☐ 考生进入考试时需输入密码进行验证 💎

☐ 微信答题限制

模式设置🔖： ⦿ 默认模式

☐ 自动一题一页 💎 答题页面活泼，限移动端作答　帮助

◯ 练习模式 💎 作答过程中即可反馈正确或错误的结果　帮助

◯ 闯关模式 💎

作答错误自动终止，限选择题/判断题及在移动端作答，并且不支

更多考试设置　　　　　　　　　　　　取消　　保存设置

图 1-2-21　编辑学生考试信息

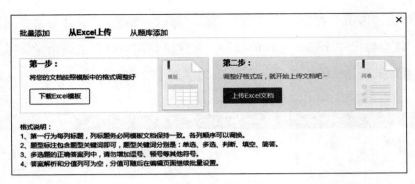

图 1-2-22　编辑考试试题

　　问卷星还提供了单选、多选、判断、填空、简答等常用题型，我们在组卷时只要在左侧的"考试题型"中直接点选就可以了。使用问卷星进行试卷设计时，除了直接进行手动编辑和输入之外，还有导入功能：先下载问卷星提供的试卷格式模板（.XLSX 文档），然后把试题按模板格式编辑成 Excel 文件，最后直接导入问卷星即可，从而大大简化了录入试题的过程。见图 1-2-23、表 1-2-1。

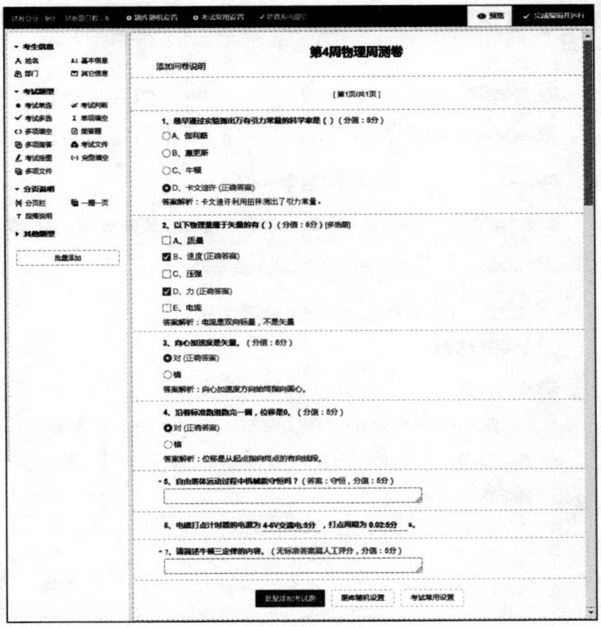

图 1-2-23　从 Excel 文件直接导入生成的试卷

表1-2-1 问卷星试题Excel格式模板

题型	题目	选项1	选项2	选项3	选项4	选项5	正确答案	答案解析	分值
单选题	1.最早通过实验测出万有引力常量的科学家是（　）	A.伽利略	B.惠更斯	C.牛顿	D.卡文迪许		D		5
多选题	2.以下物理量属于矢量的有（　）	A.质量	B.速度	C.压强	D.力	E.电流	AD	电流是双向标量，不是矢量	5
判断题	3.向心加速度是矢量						对	向心加速度方向始终指向圆心	5
判断题	4.沿着标准跑道跑完一圈，位移是0	A.正确	B.错误				A	位移是从起点指向终点的有向线段	5
填空题	5.自由落体运动过程中机械能守恒吗？＿＿						守恒	只有重力做功	5
填空题	6.电磁打点计时器的电源为＿＿V交流电，打点周期为＿＿s						4~6，0.02		5
简答题	7.请简述牛顿三大定律的内容						略		5

　　完成试卷设计后，单击"发送问卷"按钮，会立即生成试卷的二维码和链接地址，并且产生两种预览模式：一种是计算机预览模式；另一种是手机预览模式。

通过翻阅预览模式，确认无误后，就可以将链接或二维码通过微信发送、邮件发送、短信发送等多种方式，将试卷发送到每一个学生的手机或者计算机上。见图 1-2-24、图 1-2-25。

图 1-2-24　手机预览模式

图 1-2-25　发送问卷的多种方式

从第一个学生打开试卷并完成试卷提交开始，问卷星就开始进行后台的试卷答题数据收集和处理了。在答题数据收集的过程中，问卷星可以做到实时更新、实时反馈。通过它的后台采集，教师可以了解学生答卷的提交情况，了解每一道试题的答题情况，以及各个选项被选中的分布情况。教师依据这些数据可以及时诊断学生掌握的情况，并调整教学策略。

问卷星可以方便地协助教师进行课堂上或者课堂外的线上测试。它的数据迅速收集入库、过程持续积累、数据自动处理、分析结果可视化呈现以及报表导出等功能，都可以大大减少教师的备课量。

四、百一测评

百一测评也是一个网络软件，无须在电脑上安装。与问卷星相比，百一测评更加专注于测试的各个环节，它同样支持移动端考试和 PC 端考试两种在线答题模式。见图 1-2-26—图 1-2-29。

图 1-2-26 百一测评 PC 端首页

图 1-2-27　百一测评软件主界面

图 1-2-28　创建考试，建议选择 Word 导入试题

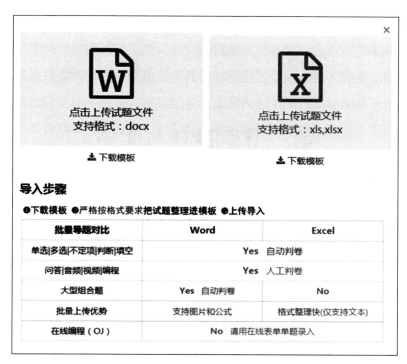

图 1-2-29　先下载模板，严格按要求调整格式，才能顺利导入

在移动网络环境下，学生可以通过计算机或手机进行答题。与问卷星相比，百一测评的试卷编辑、试卷导入以及试卷分析的功能更强，支持的试题形式更丰富；除了常见的选择题、填空题、简答题，还专门添加了图片题、音频题、视频题等，支持图片上传、语音答题、视频答题等题型。

物理学科通常有作图题，如画受力分析图、电路图、图像等，虽然从题型上说，它仍然属于填空题或简答题，但是在实际解答过程中，学生无法通过 Word 或者作图软件来完成解答。针对这种情况，百一测评在下方提供了一个上传图片按钮，学生可以用笔在纸上完成题目的解答，然后用手机或者 iPad 拍照上传。上传的图片，教师能够在第一时间看到并批阅，也可以通过无线投屏将图片呈现在屏幕上，让全班学生分享交流。

教师在不断进行检测的同时，也逐渐完成了基于个人风格的在线题库建设。

第三节　设计与实施

熟悉了几种常用工具的使用方法和主要特点之后，我们就可以进一步了解融合信息技术的测验和练习是如何具体设计和实施的。计算机、手机、iPad、无线同屏、网络传输等，构建了一种基于移动网络的学习测评环境。如果我们将一节课简单地分为课前、课中、课后三个阶段，那么学习测评在不同的阶段可以发挥不同的作用。例如，课前我们可以通过测评了解学生学习的准备情况，了解学生现有认知情况；课中我们可以进行学情观察与记录、知识练习与检测；课后我们可以进行作业批改与统计、学生成绩分析与反馈。

一、课前学习准备与认知情况测评

了解学生的学情，根据学生的学情来进行适当的教学设计，是教师每一节课备课的起点。其实，对于学生的学情，有经验的教师可以根据自身的经验或者学生的课堂反馈、作业反馈等来进行比较准确的判断。但是有时基于一些特定的需求，我们可能还是希望做一些更加精准地了解学生情况的测试。在这种情况下，问卷星就是我们可以加以利用的工具。

案例 1　功能关系复习课复习框架的教学设计。

有一位刚刚工作的高中物理教师，在完成了"机械能守恒定律"这一章的常规教学任务之后，发现学生课堂及作业的反馈情况始终不太理想，学生答题的错误率一直居高不下。教师认为自己在教学中可能出现了一定的问题，需要安排一些复习课、指导课帮助学生提升解题能力。

在重新梳理和设计这节复习课的时候，教师就在考虑：怎样设计复习课的重点才能恰好针对学生目前存在的问题呢？为了解决这个疑问，他在备课之前设计了一份调查问卷：教师首先让学生阐述对于本章内容的整体感受是怎样的，是偏难，还是比较容易接受。然后教师将本节课的主要内容分成了几个不同的板块，对每一个板块的难度让学生分别进行选择，并且尝试描述在这一板块中学生觉得学习的难点在哪里。见图1-3-1。

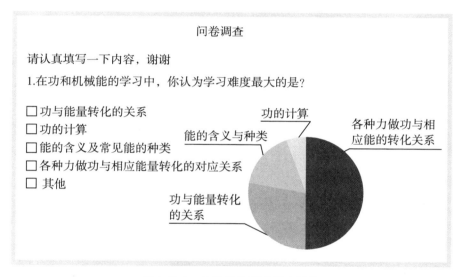

图 1-3-1　设计课前摸底调查问卷

调查问卷回收之后，教师发现学生的反馈与自己的预测有一定出入。教师本来认为学生在功的计算方面是最难的部分，但实际反馈出来的结果却是学生认为功的计算并不难，难在理解功与能量的转化之间的关系，难在具体的每个力做功与对应有哪些能量在发生转化，难在如何准确列出功与能量转化之间的定量关系方程。

例如，重力做功等于重力势能的减少量；弹簧的弹力做功等于弹性势能的减少量；电场力做功等于电势能的减少量；摩擦力做功，既可以理解为等于机械能的减少量，又可以理解为等于系统产生的热量；电场力做功，既可以理解为等于电势能的减少量，又可以理解为等于系统机械能的增加量；而重力、摩擦力、电场力、拉力等所有力做的功加起来，却等于系统动能的增加量。在各种不同的物理情境下，学生思维混乱，难以准确列出功和能量转化之间的关系方程。鉴于这样一种对学生学情的深入调研，教师重新设计了这节课的复习框架。

教师将复习内容分成了两条主线：第一条主线，各种功的计算公式、各种能的表达式的理解和记忆；第二条主线，通过大量实例，带着学生反复验证"做功是能量转化的量度"，让学生深刻领悟做功与能量转化的具体数量关系，并最终形成一套组合公式，便于学生在遇到这类问题时，在脑海中自发产生审慎筛选的思维过程，而不是像之前那样在混乱中将错就错，胡乱列方程。

通过这节复习课，教师希望能够帮助学生建立两张知识网络：一张是功和能的简单计算，另一张是功和能的关系。当某些情境下功或能无法直接计算时，就可以利用功能关系列方程，进行间接计算。见图 1-3-2。

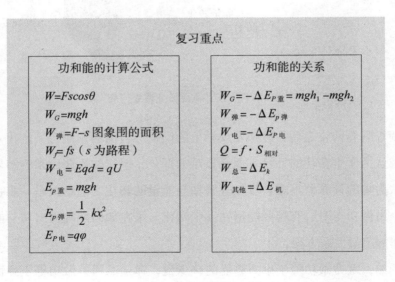

图 1-3-2　改进的教学设计框架

案例2 垃圾的分类与回收教学设计。

垃圾分类已经被宣传很多年了，学生对垃圾分类的相关知识应该有一定的了解，但是到底了解到什么程度，教师还是不太清楚。在进行班会课前设计的时候，教师担心如果教学设计过于简单，学生都知道，在课堂上学生就会缺乏兴趣；如果教学内容设计得过难，学生可能又不容易理解。因此，教师在课前也通过问卷星设计了一个简单调研。见图 1-3-3。

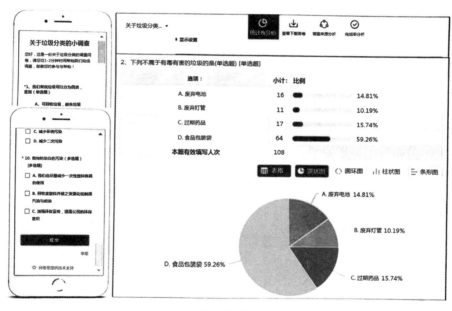

图 1-3-3 课前调研问卷统计分析

试卷回收后，通过对学生各个选项的得分情况统计分析，教师发现，学生对垃圾分类的了解存在两极分化的情况。有些学生可以清晰分辨出各种类型的有害垃圾和可回收垃圾，而有些学生却对垃圾的四种基本分类都不了解。这就要求我们在进行教学设计的时候有一定的层次和梯度。同时针对调研过程中某些具体选项所涉及的具体问题，教师也要注意在教学过程中讲解一些具体知识。比如，需要特别讨论一下厨余垃圾与湿垃圾的异同，可能要分析一下废旧墨盒到底属于可回收垃圾，还是属于有害垃圾。废旧电池单独回收，我们很容易理解，但是为什么过期药品也属于有害垃圾，需要单独回收？这些过期药品在单独回收之后，应该进行怎样的处理？这些问题都可以通过我们前期的调研，融入教学设计。见图1-3-4。

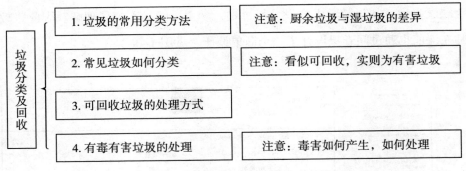

图1-3-4　调整教学过程中的层次和梯度

上面两个示例表明，在课前通过信息技术支持的检测，我们可以深入了解学生的学习水平或认知状况，从而发现教学中或者学生学习中的问题，找准教学切入点，建立教学起点，使我们的教学有的放矢。

二、课上学习效果与教学反馈测评

进行课堂测试与练习的工具有很多，例如，前面介绍的101教育PPT、希沃白板、问卷星、百一测评等，都是可以使用的。

在使用之前，我们首先要明确为什么要进行课堂测试与练习设计？课堂测试与练习是教学活动的重要组成部分，既是教师获得教学效果反馈、提升教学质量的重要措施，也是学生掌握知识、形成技能、开发智力、培养能力的主要途径，是学生学习过程中不可或缺的重要环节。恰当的测试与练习可以加快学生学习知识、巩固知识及运用知识的过程。

其次，我们要知道在设计测试与练习时，需要注意一些什么问题？一是要注意目的性和针对性。试题应该是依据教学目标和教学内容，抓住教学重难点的专项训练和测试。二是要注意试题的层次性和梯度性。教师要重视学生的个体差异，习题设置要由浅入深、循序渐进，并且最好能够体现出题目与题目之间的关联与发展。三是要注意试题的趣味性和开放性。兴趣对于学生的学习可以起到定向保持和强化作用，根据学生的认知特点，设计新颖、激发学生兴趣和学习点的试题，使学生更加积极、主动地投入练习。见图1-3-5。

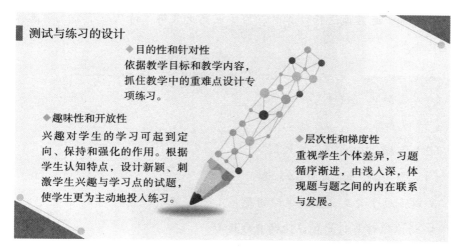

图 1-3-5　设计测试与练习需要注意的三个方面

案例 3　"匀变速直线运动的理解与计算"课堂练习设计。

匀变速直线运动的理解与计算是高中物理中非常重要的知识点，属于核心概念，考纲要求是理解、应用，属于Ⅱ级水平。在这节课中，最重要的教学目标就是帮助学生理解匀变速直线运动、非匀变速运动、速度变化量、加速度等一系列基本概念。要让学生理解，匀变速直线运动有其鲜明的特征和规律，要能熟练、准确地选用正确的公式进行计算，这是高中物理后续学习十分必要的基本技能。

"匀变速直线运动的理解与计算"课堂练习

1. 描述匀变速直线运动，需要用到的物理量有（　　　）

A. 力　　　　　B. 质量　　　　　C. 位移　　　　　D. 初速度　　　　　E. 角速度

F. 线速度　　　G. 末速度　　　H. 加速度　　　I. 时间　　　　　J. 周期

K. 频率　　　　L. 转速　　　　M. 速度变化量

2. 对匀变速直线进行计算时，为了避免走弯路，请从以下公式中选择最合适的公式：

A. $v_t = v_0 + at$　B. $v_t^2 - v_0^2 = 2ax$　C. $x = v_0 t + \dfrac{1}{2}at^2$　D. $x = \dfrac{v_0 + v_t}{2} \cdot t$

（1）已知 v_0、a、t，求 x，选_____。

（2）已知 v_0、v_t、a，求 x，选_____。

（3）已知 v_0、v_t、t，求 x，选_____。

（4）已知 v_0、v_t、t，求 a，选_____。

3. 以下属于匀变速直线运动的是（　　　）

A. 物体位移与时间成正比的直线运动

B. 位移与时间成一次函数的直线运动

C. 相邻、相等时间内位移差相等的直线运动

D. 物体速度与时间成正比的直线运动

E. 速度与时间成一次函数的直线运动

F. 物体所受合外力恒定时的直线运动

G. 自由落体运动

H. 平抛运动

针对匀变速直线运动的复习，教师设计了三道课堂练习题：第一题属于简单辨识题，学生需要在诸多运动学物理量中，迅速挑选出描述匀变速直线运动常用的物理量；第二题是单项选择题，要求学生除了理解描述匀变速直线运动的物理量之外，还要快速分析、推理、挑选出最合适的公式，通过本题的训练，教师期望纠正学生不假思索、随意选用公式的不良习惯；第三题

是训练学生在各种类型的运动中，快速识别出匀变速直线运动，相当于一道多项选择题。教师在进行试题设计时还比较好地关注了学习的重点和难点，关注了试题的层次性和梯度性，并试图借助信息技术，使试题的呈现方式更加多元，使试题的反馈更加快速有效。经过一番考虑之后，教师进行了如下设计。

首先，教师将第一题设计成"分组竞争"的形式。由于难度较小，这种形式可以使所有学生都迅速投入对抗测试，将学生的积极性调动起来，同时及时复习、巩固以前学过的基础知识，为接下来第二题和第三题的作答做一个良好铺垫。见图1-3-6、图1-3-7。

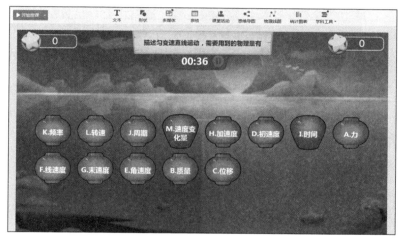

图1-3-6 使用希沃白板→课堂活动→分组竞争编辑第一题

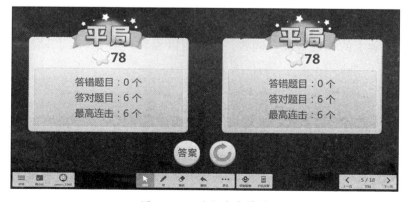

图1-3-7 分组竞争结果

第二题是通过观察、分析推理、选择公式的选择题，对学生而言是有一定难度的。教师期望通过训练，在学生脑海中留下"选公式"这样一个深刻的印象，甚至从此形成优选公式的好习惯；同时，为了监测学生的实际能力、达成的效果，教师决定把这道题的答题形式采用问卷星来完成。见图 1-3-8。

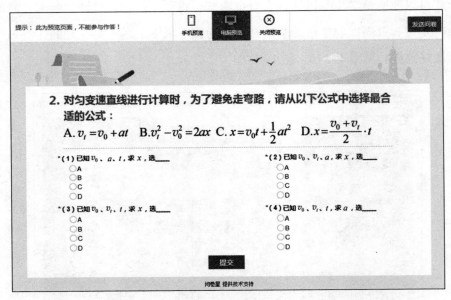

图 1-3-8 问卷预览页面

学生打开试题后，根据自己的判断，点选正确选项并提交，就可以完成试题的解答。教师在电脑上通过查看"成绩 & 数据→题目正确率"，就会迅速呈现学生的答题情况。例如，我们可以看到，第（3）问答题准确率明显偏低，说明学生对 $x = \dfrac{v_0 + v_t}{2} \cdot t$ 这个公式比较陌生，教师需要增加匹配的习题加以训练。还有，我们发现每一问都有少量学生选错，说明在有限的时间内，要么学生会胡乱选公式，要么是来不及看清已知条件，在仓促中选错了公式，需要继续加强训练，要继续提醒学生正确选用公式，避免解题走弯路。见图 1-3-9。

2.对匀变速直线进行计算时，为了避免走弯路，请从以下公式中选择最合适的公式：

A. $v_t = v_0 + at$　B. $v_t^2 - v_0^2 = 2ax$　C. $x = v_0 t + \frac{1}{2} at^2$　D. $x = \frac{v_0 + v_t}{2} \cdot t$

（1）已知v_0、a、t，求x，选＿＿＿＿［单选题］

选项	小计	比例	
A	3		5.8%
B	0		0%
C（答案）	45		86.5%
D	4		7.7%

正确率：86.5%

（2）已知v_0、v_t、a，求x，选＿＿＿＿［单选题］

选项	小计	比例	
A	3		5.8%
B（答案）	44		84.6%
C	1		1.9%
D	4		7.7%

正确率：84.6%

（3）已知v_0、v_t、t，求x，选＿＿＿＿［单选题］

选项	小计	比例	
A	1		1.9%
B	17		32.7%
C	0		0%
D（答案）	34		65.4%

正确率：65.4%

（4）已知v_0、v_t、t，求a，选＿＿＿＿［单选题］

选项	小计	比例	
A（答案）	48		92.3%
B	1		1.9%
C	1		1.9%
D	2		3.8%

正确率：92.3%

图 1-3-9　成绩 & 数据→题目正确率

在教师讲评完前两道题，学生对描述匀变速直线的物理量和公式有了进一步的理解之后，教师再次选择希沃白板的"判断对错"来完成第三题。本题学生可以在平板上完成，但是这样一种带有对抗性质、能够一显身手的试题吸引了不少学生主动要求用讲台上的一体机来完成，班级的学习气氛瞬间变得热烈起来。见图 1-3-10。

（a）

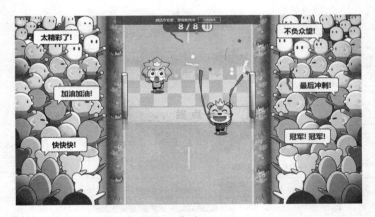

（b）

（c）

（d）

图 1-3-10　课堂活动→判断对错答题界面与结果查看

　　判断对错活动有很强的趣味性，但也存在一定的问题。比如，给学生的错误提示后期不能重现，没有具体的错误选项统计功能，答题过程中出现的错误需要教师和学生及时捕捉，只能根据回忆，刚才出现错误的是哪几道题，教师很难记住不同的学生出现错误的地方在哪里。

　　案例 4　使用希沃易课堂进行互动教学。

　　为了让教师实时、具体、精准地掌握学生学习的效果，希沃白板创新推出了另一款软件——希沃易课堂。

使用希沃易课堂授课，搭载希沃学生智慧学习终端，可以轻松实现师生课堂即时互动、教学与反馈，教师端帮助教师高效教学，它覆盖了学生课前、课中、课后全流程学习场景，功能丰富。

教师使用希沃易课堂上课，可以实时统计、及时反馈学生的答题情况，而且统计的结果并不只是每个选项的人数统计。教师只要单击某个选项的柱形图，在该选项旁边就会显示选择了该选项的学生名单，教师在课堂上可以及时对选了错误选项的学生提问，让他当堂表达自己选择的理由，从而及时加以纠正，答疑解惑。希沃易课堂在给学生布置作业、进行作业统计分析等方面具有独到、强大的功能。见图1-3-11。

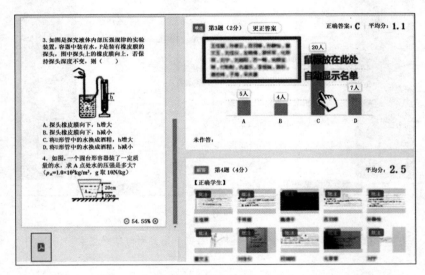

图 1-3-11　希沃易课堂的课堂作业讲评界面

三、课后的学习效果测评

课后测评可以用问卷星、百一测评、希沃易课堂等软件，进行课后作业的布置与教学效果的检测。

教师在不断设计、发送、完成课堂和课后检测的同时，自己的在线题库与资源库也一步一步地建立起来了，为后续的备课和教学都奠定了一个良好的基础。

通过上面这些案例分析我们看到，技术支持的检测与练习的作用是多样的，恰当的技术选择可以帮助我们更好地提升课堂教学效率，帮助学生进行知识的吸收和转化。但是，在使用信息技术所支持的检测与练习时，我们也需要关注以下几个问题：

第一，是不是什么内容都需要设计基于信息技术的教学检测？怎样的内容适合设计成基于信息技术的检测？

第二，基于信息技术的测试，试题的呈现方式是否符合学生的认知水平和心理水平？

第三，这些测试是否方便学生作答？是否方便教师的观测和统计？

第四，测试的结果以何种形式来呈现？结果应能为学生进一步学习探究创设更多情境，能够将教师的教学进一步引向深入。

见图 1-3-12。

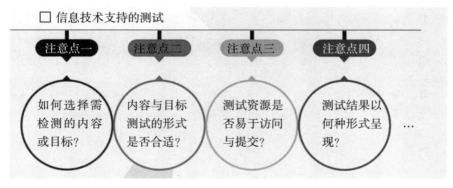

图 1-3-12　使用信息技术支持的检测与练习时需要关注的几个问题

这些问题需要教师在不断的技术学习和使用中逐步摸索，逐步形成适合自己的一些教学策略，从而使信息技术真正成为我们课堂教与学的良师益友。

第二章

微课程与微课程设计

第一节　微课程的六种类型

本节将结合一些微课程案例，具体分析六类微课程的适用内容及设计与制作的注意事项。根据微课程要表达的内容以及应用目的，我们将微课程分为六种类型：理论讲授型、推理演算型、答疑解惑型、情感感悟型、技能训练型、实验操作型。下面逐一研究这六类微课程的特点以及设计与制作的要领——结合案例，从内容设计、制作手法两个层面进行探讨。

一、理论讲授型微课程

理论讲授型微课程适用于讲解基本概念、规律或原理等内容，在讲授过程中，注重知识的内在规律和逻辑，是微课程中最常见的一种类型。知识讲解是课堂教学中主要的教学活动形式之一，但要在 10 分钟之内清晰、生动、完整地剖析一个知识点，需要精心设计。所以，在设计理论讲授型微课程时，有以下四个建议。

第一，对于一些重要的、基本的概念，除了要说清楚是什么，还要说清楚不是什么，让学生明确基本概念和原理。

第二，关键概念或新概念出现时，要配合使用字幕或者是提示性的文字；但是不要像电视剧那样把所说的每一个字都打在屏幕上，这样反而会增加学生的阅读负担，我们只需要把一些关键词语打出来即可。

第三，尝试采用有别于教科书的讲解方式。因为微课程不是课堂授课的电子化形式，在讲解的时候，我们需要用简约、新颖的讲解方法为学生解释知识点。

第四，结合案例来解释一些理论或概念，不要枯燥地呈现理论或概念，要多结合一些生动、鲜活的案例，深入浅出地进行解释。

案例 1　动量守恒定律及其应用（结合案例解释理论或概念）。

系统的动量为什么守恒？有什么意义？这个课题本身非常枯燥，用微课程讲授时，可以先从网上下载以下几个简短视频案例——章鱼反冲行进、火箭点火起飞、脚穿溜冰鞋的学生将书包抛出，让学生初步体验系统动量守恒，老师简单解释其原理，逐渐把学生引向动量守恒的方向。然后，教师播放视频展示"用气垫导轨验证动量守恒定律"的经典实验，通过数据定量验证让学生接受系统动量守恒这一事实。最后，教师播放视频展示"两个小车发生共速碰撞"实验，以及两道较简单的练习题，让学生建立运用动量守恒定律解决实际问题的思维。

案例 2　库仑定律（关键概念出现时要配合提示性文字）。

库仑定律涉及 k、q_1、q_2、r 等多个物理量，而且其适用条件比较多：真空中、静止的、点电荷。在设计用微课程讲授库仑定律时，建议先展示一幅简单的示意图——两个球形点电荷。教师讲到 k 时，屏幕上弹出文字" $k = 9.0 \times 10^9 \, \text{N} \cdot \text{m}^2/\text{C}^2$ 库仑扭秤"；讲到点电荷时，屏幕上在两个球旁边闪烁显示 q_1、q_2；讲到距离时，屏幕上用"擦除"的方式展示两个球心之间的距离 r；讲到相互作用力时，屏幕上出现环形带电体、圆形带电体、矩形带电体等图形，并用文字提示"库仑定律不适用"。如此展示，可以非常直观地让学生理解库仑定律涉及哪些物理量，并留下深刻的印象。在后续解题时，学生就会主动寻找这些已知条件，提升解题能力。

设计理论讲授型微课程的几个注意事项。①微课程不是学科知识的系统梳理，不是 45 分钟课堂的浓缩，也不是课堂授课的电子化。②微课程只讲一个知识点，要突出小而精的设计要求。③微课程是清晰简约的知识讲解，是另辟蹊径的难点剖析。

二、推理演算型微课程

这种类型的微课程注重运用相关原理、规律、定律进行推演，帮助学生理解知识，例如，物理中一些定律或者方程的推导等。由于推演过程对学生的理解具有重要的意义，因而在设计微课的时候，教师需要巧妙地运用各种形式，恰当地展现这些演绎过程。所以，在设计推理演算型微课程时，有以下三个建议。

第一，运用软件、黑板演算，纸质演算等方式，清晰地呈现演算过程。

第二，结合录屏软件进行展示，常用的录屏软件有 Camtasia、Vittle、Explain Everything 等。

第三，配合使用视频编辑软件（改变视频的播放速度、增加颜色／图形／标注等），提升推理演算的效果。

案例 3 匀变速直线运动推论公式（改变视频播放速度）。

我们利用微课程展示匀变速直线运动推论公式 $v_t^2 - v_0^2 = 2ax$ 的推导过程。

$$x = v_0 t + \frac{1}{2}at^2 ①, \quad v_t = v_0 + at ②, \quad \text{由公式②变形得} \ t = \frac{v_t - v_0}{a}$$

代入①得

$$x = v_0 \cdot \frac{v_t - v_0}{a} + \frac{1}{2}a \cdot \left(\frac{v_t - v_0}{a}\right)^2 = \frac{2v_0 v_t - 2v_0^2}{2a} + \frac{v_t^2 - 2v_0 v_t + v_0^2}{2a} = \frac{v_t^2 - v_0^2}{2a}$$

即 $v_t^2 - v_0^2 = 2ax$

以上公式的演算、推导过程比较烦琐，如果在微课程中实时演算，将耗费很长的时间。我们可以先在 PPT 中或纸上或黑板上实时演算，然后对视频某些部分加速播放，但被加速部分的配音要重新录制，让学生在观看微课程时，教师讲解的语速是正常的。在某些公式变形演算的环节，画面呈现的是快速播放，在保证学生理解公式推导过程的前提下，大大节省学生观看的时间。毕竟物理公式的推导过程向来就不是重点，重点是培养学生应用公式解决实际问题的能力。

设计推理演算型微课程时，有以下三个建议。

一是尽量营造一对一的教学氛围。在教学语言上常用我、我们、你这样的称呼，而不要用"同学们"。这就让学生感觉老师在进行一对一辅导，这与学生所处的学习环境，即在计算机或平板前自主学习的情境是契合的。

二是教师尽量用对话的方式授课。例如，在微课程授课中，教师可以用对话的方式，频繁向学生提问：如果你想求物体运动的位移，需要知道哪些物理量？如果既不已知 t，又不想求出 t，该怎么办呢？等等，通过问题不断地引导学生思考，引起学生认知上的冲突。

三是微课程设计中，很关键的一个设计要点就是交互。所谓交互，不仅是让学生通过软件当堂完成选择、判断等简单测试题的方式，"问题体验"也是一种交互，能够引起学生的认知冲突，让学生积极地参与到学习活动中。

三、答疑解惑型微课程

答疑解惑型微课程适用于习题讲解，或者学习一些解答技巧的专项突破。设计答疑解惑型微课程时，有以下两个建议。

第一，对一些错误的例子进行深入剖析，将有助于学生理解。不仅要向学生展示正确、规范的解题思路，有时候也要对一些错误的例子进行深入剖析。

第二，系统分析学生学习过程中产生的问题，根据问题的类型、层次、相关知识点，开发不同的微课程，形成微课程群，这样将发挥更大的作用。

建立微课程群，靠一个人是很难达成目标的，需要有团队协同合作。例如，学校的一个学科组分工合作，每位教师负责 2～3 个章节，1～2 年后就能构建成全校、全学科的微课程群。学科组长要带头组织，策划讨论，群策群力。要首先完成本校本学科微课程群的系统规划，如具体到每一个章节，应有多少节讲授微课、有多少节实验微课、有多少节习题微课，并具体分配到个人。

设计答疑解惑型微课程时，也有一个启示：倘若在开发答疑解惑型微课程时，能够有意识地做一些系统分析和规划，将会使微课程群覆盖面更广，更具有应用价值。

四、情感感悟型微课程

情感感悟型微课程适用于一些德育类主题或内容，重在引起学生的共鸣，引发学生的深思。设计时，有以下五个建议。

第一，突出小、近、新、活四个特点。"小"即以小见大、管中窥豹；"近"即贴近生活、贴近学生的经历和体验；"新"即在形式上要做一些创新；"活"即着重对情境的感同身受，引起学生共鸣。

第二，倾向陈述而不是解释、说教和评价，让故事本身有感染力。情感感悟型微课程多以叙事的方式进行讲解，因而注意在陈述的时候，使用描述性的语句，而不是解释性的语句，更不需要做过多的主观判断。通过客观陈述，让故事本身达到启发学生的目的。

第三，画面要有助于增强故事的真实感和说服力。在画面设计时，重要的是重现场景，也就是表述要精致、具体，细节要完整。比如，讲述物理学上的奇闻趣事，故事发生的时间、地点等信息越具体，学生感觉越真实。

第四，恰当使用音乐能够增加故事的感染力。

第五，为学生留下一些思考空间，往往能取得意想不到的效果。

五、技能训练型微课程

技能训练型微课程的内容主要是帮助学生了解、掌握动作技能、操作技能、语言运用技能等。其中语言运用技能主要是解决中文、英文发音的技巧。在技能示范与教学中，除了向学生清晰地介绍动作过程，更重要的是揭示技能运用过程中一些肉眼看不到、比较难以领会的要领和策略。因而有这样一些设计建议。

第一，借助图片、图示、动画、视频等方式进行示范，增强示范的直观效果。

第二，在关键的时刻，用语言或文字引导学生观察、讨论、分析，关注重点。

第三，根据具体的内容采用分段、放大细节、慢镜头、不同角度录制的制作策略。

第四，实景拍摄时注意构图与背景，突出主体。

第五，必要的时候，除了说清楚应该怎么做，还要说明白不应该怎么做。

第六，吸引学生参与示范，也是一种不错的设计策略。

案例4 水火箭的制作与发射。

水火箭是演示动量守恒定律的一个非常有趣的小实验，可以开发成学校科技节的一个比赛项目，看谁的水火箭飞得远。于是，教师在训练学生发射水火箭时，就可以播放一段往届学生发射水火箭的场景。视频在播放过程中，教师就可以停顿讲解：装水、紧塞、调角、打气、发射。通过字幕的标注，让学生记住以上5个步骤，学生顿时感觉难度不大，跃跃欲试，积极动手制作。见图2-1-1。

图 2-1-1 水火箭的发射操作演示

六、实验操作型微课程

在实验操作型微课程中，教师可以利用仪器、设备、器材等，还原重要的实验过程，帮助学生理解和发现规律。设计时，有以下四个建议。

第一，动作要规范、正确，仪器的操作动作速度要适当。

第二，要用语言或文字引导学生观察、讨论、分析。

第三，设备的关键操作或部位，需要配合使用文字或标注。

第四，根据具体的内容采用分段、放大细节、慢镜头、不同角度拍摄的制作策略。

案例5 实验：演示电磁感应现象。

这个微课程案例有几个非常好的做法值得我们借鉴学习：①教师插入或抽出磁铁的动作速度比较适当，动作干净；②教师的动作与语言讲解同步配合；③关键的时候，用图片（电路图）、文字（操作步骤）的方式在画面上进行相关信息提示；④让学生识别线圈绕制方向时，有一个镜头拉近的动作，放大了仪器或设备的细节。见图2-1-2、图2-1-3。

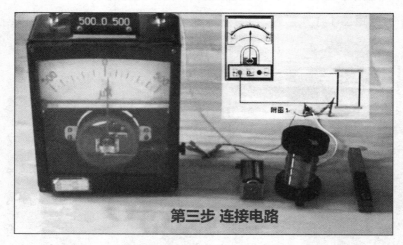

图 2-1-2　用图片、文字的方式在画面上进行相关信息提示

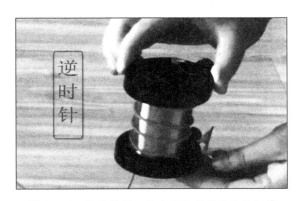

图 2-1-3　镜头拉近，放大了仪器或设备的细节

以上我们分析了六类微课程的特点及其设计与制作的建议，最后两种类型的微课程往往在讲解技能操作时，也伴随着知识的传授与解释，因而前面所讲的设计策略也同样适用于这两种微课程。最后小结一下。

首先，微课程的设计与制作的方法是由内容特性与学习需求来确定的，这是微课程设计与制作中最基本的原则。

其次，上述六类微课程并非完全独立。在某一个微课程中，可能既融合了理论讲授的内容，也有实验操作的环节，甚至还有情感感悟的部分。因而在微课程的不同部分，会采用不同的设计策略，一个微课程是多种设计与制作策略的综合运用。微课程类型的划分只是为了帮助我们更为准确地把握不同内容的设计要领，同时思考更为合理的内容组织与媒体选用方式。

最后，由于设计与制作的过程是不能分离和隔断的，因而迭代反复是不可避免的。

第二节　一线人员心中的微课程

一、教师说

1. 谈谈对微课程的理解

A 中学信息技术刘老师：我认为微课程是指时长在 10 分钟之内，有明确的教学目标，能集中说明一个比较短小的问题的小课程，一般包括与微视频对应的一个自主学习任务单等配套资源。

A 中学信息技术袁老师：微视频再加上一些配套的资源，例如，让学生思考的问题——学完这段微视频之后能够解决什么具体问题，让学生做一些简单练习题来复习和巩固，这就是微课程。

A 中学化学汪老师：我认为微课程是在建构主义教学的模式下，利用再学习或者移动学习的模式来开展教学。国外把微课程叫作 micro-course，也有叫 microlecture 的，现在我们应该属于一个初级的探索阶段。其实我们现在做得更多的是微视频或者微课 lecture。当 lecture 素材积累到一定程度，最后形成一个完整的体系时，有利于学生某一个阶段的学习，这时候就成了一个课程 course。

D 中学语文田老师：对语文学科来说，微课程的内容不仅包含一个微视频，还包括设计流程、设计内容、设计形式、背后的效果、要求、目标等很多方面。

D 中学数学徐老师：结合我们的实际，微课程就是我们给予学生在线自主学习的一种视频资源，它的时间比较短，针对性比较强，更加草根化，更符合我们学生的口味，让学生能用更短的时间去接受新知识。

　　A 中学物理胡老师：微课程就是在 6 ~ 8 分钟或者最长不超过 10 分钟的一个较短时间内，给学生呈现一堂课当中的预习部分，或者是其难以理解的部分，最终让他能解决某些问题。

　　D 中学化学刘老师：我个人理解，微课程就是一个学习任务单，加上一个微课，再加上学生反馈的问题，我觉得就是这三个方面的结合。

　　B 中学数学张老师：有一种说法，称微课程为"1 分钟课程"，就是在最短的时间、最短的课程里面把一个知识点系统地、完整地讲完，让学生能够清楚地理解这个知识点。

　　B 中学科学杜老师：微课程是用简短的时间把一个或两个知识点简明扼要地给学生讲解清楚。

　　A 中学日语郭老师：微课程就是我们换一种新的模式，用丰富多彩的形式，替代传统的模式来给学生讲解很多知识点，让学生收到更好的学习效果。

　　D 中学生物张老师：微课程短小精悍、针对性强，便于传播和学习，便于学生接受。

　　D 中学历史葛老师：我认为微课程最重要的是满足了不同层次学生的需求，使不同的学生通过观看不同的微课，来获得不同层次的满足和要求。

　　2. 实施微课程项目的初衷

　　B 中学数学张老师：让我的学生能够第一次接受完美的知识传输过程。

　　B 中学科学杜老师：让学生利用课前时间，以相对宽松、能够接受的方法，提前学习实验的基本技能、基础知识，那么上课的时候他们就可以有更多的操作机会、操作时间了。

　　B 中学地理杨老师：地理学科教学课时比较少，但是教学内容是比较丰富的，一些简单知识点的教授就可以通过学生自己在课前观看微视频解决，在课堂上，教师就可以把更多的时间和精力放在集中解决教学的重点和难点上面。

B 中学信息技术孙老师：想让学生带着问题到课堂上来，而不是从无到有，希望他们能带着问题在课堂上多进行小组合作。同学之间都有不同的知识背景，但是当他们有了一定的知识储备再来学习时，起点就可以高一点。

A 中学信息技术袁老师：我做过一个关于信息的加密和解密的微视频，在视频里面，用具体实例告诉学生如何来完成这个过程。我在课中用这个微视频一个最大的好处就是解放了我的时间。学生在经历这个环节的时候，学习能力强的可以看文档资料，来完成学习任务单上的相关问题；学习能力稍微弱一些的，就可以看这个微视频中例题的讲解；再不行我就走下去，对他们进行个别指导。我觉得，这就解决了在一个班级授课的环境下实施个性化教育的"瓶颈"问题。

A 中学化学汪老师：我记得自己第一次做的微课程是讲了化学的一个实验室气体制法。我当时的想法是，让学生利用以前初三学过的知识，通过自己的思考，来得出最后的结论，而不像传统课堂那样，等老师一一进行讲授。

D 中学生物张老师：微课，最重要的一点就是能帮助学生学习。比如，有些学生在听完老师讲课之后，他会发现自己还有一些不明白的点，他就可以自己再找到这个视频，可以倒退，可以暂停，解决自己学习中的一些疑惑。

D 中学化学刘老师：采用微课程初衷还是想帮助学生解决学习过程中的一些问题。除了知识理解的方面，我还注重讲授问题的分析方法，就是怎样去分析问题、怎样理解知识点，也就是在方法上给学生一些指导。

D 中学数学徐老师：想培养学生自主学习的能力，老师不能参与，我们就让学生通过微视频去学习一个新的知识。

D 中学历史葛老师：我们的初衷是满足学校翻转课堂的要求，提高学生的学习效率。

D 中学语文田老师：最初的目的是帮助学生答疑解惑，尤其是解决学生生成的问题。

A 中学日语郭老师：我制作的第一个微课叫"游戏中的教学"，我从 2012 年开始就尝试自主制作了一款叫作"帆船幻想物语"的游戏。这款游戏以日语学习为背景，把日语学习中的一些知识点、习题放到了里面。我就想如何把这款游戏推广给学生，于是想到了微课这个手段。我在课上就使用了这个微课，导入了这个游戏制作的初衷、内容，首先让学生有一个感性认识；其次，通过 5 ~ 10 分钟的介绍，学生明白了我的游戏是一个什么形式，课后就可以去上网下载、试玩了。

A 中学物理胡老师：我的初衷还是比较被动的，但是在做了以后还是有一些感触。这对我的语言规范要求更高了，要在这么简短的时间里把一个知识点讲清楚，语言必须准确简练。微课程的设计要求也是很高的，对教师自身是一个提升。

3. 微课程的应用模式

B 中学数学张老师：我现在主要集中在课前应用，在课前让学生在家里先通过微视频进行预学习，学习一些简单的、基础的概念；然后在课堂上对学生进行一个检测，了解一下通过微视频的学习，多少学生已经掌握了基本知识。根据这个课前检测的反馈，我在课中选用一些适当的策略，就可以进一步拓展、巩固这些知识。

D 中学语文田老师：我们的微课程分为两个方面，即自修质疑课和训练展示课，一般在自修质疑课上使用微课视频。教师根据教学经验和学生提供的一些难点来制作一个微课。如果学生生成了新的问题当场无法解决，那就课后再做成一个微课发到平台上。

D 中学数学徐老师：主要是让学生在课堂自主学习的过程中使用微课程。

D 中学生物张老师：主要是在课前学生自主学习的时候应用。

4. 遇到最大的问题与解决措施

D 中学数学徐老师：遇到的问题主要有两个，一是最初的时候我们没有设备，二是我们没有技术，完全是一个探索的过程。刚开始我们很苦恼，也很惧怕——到底要怎样设计开发微课程？我们坚定信念，打破传统理念，坚决大胆地去干，也相信一定能干好，然后我们就慢慢地把它做起来了！比如写脚本这件事，我是教数学的，对我们理科老师来说就是一件很苦恼的事。再比如技术的运用，有时候我们需要制作一个动画，计算机水平差的教师就做不出来。他想用其他形式，如用语言的形式去替代这个动画，效果就很不好，利用 PPT 制作动画的技术还是我们的一个弱点。

D 中学历史葛老师：最大的困难还是技术方面。我们历史学科想要呈现一段材料，是比较枯燥的。怎样把一些动画、影视资料等融入一个小小的微课中，把它做好，激发学生的兴趣、吸引学生的目光，这是最大的困难。

D 中学化学刘老师：一个是设计微课程的流程，我觉得挺费脑筋。还有一个就是技术方面的问题。

D 中学生物张老师：我们现在主要的困难，第一个是教学实践经验不足，难以准确找到重点、难点。第二个还是技术支撑方面。学生在自主学习过程中会发现一些疑惑点，这些疑惑点可能具有共性，我们就把它开发出来，做成一个微课，帮助学生解决问题。但是我们的一些想法在技术上又无法实现，因此感觉到比较困难。我觉得，我们的微课设计理念必须回到学生这个本位上去，真正根据学生的需求来设计制作微课。

A 中学信息技术袁老师：最难的还是在备课环节，一个视频做得好不好，能不能激发学生学习的兴趣，关键在于教师的设计，通俗地说就是在于教师的备课。教师要追求生动、有趣、形象地把一个知识点用很短的时间讲清楚、讲明白，使学生一看就能够学会。举个例子，我最早做的一个关于数字转换的微课，一般教师可能就是讲一些口诀，然后举些例题。我就想了一个办法，把那个 8421 法则做成了一个扑克牌，然后做成一个翻牌的游戏。再如，我在另一个视频中又用了第二种方法，就是用手指操的形式，在手指上写上位权，16、8、4、2、1，然后告诉学生，你在做 5 位数的数字转换时，直接掰手指就行了。

B 中学数学张老师：最大的困惑是理念的转变，就是我们制作微视频究竟应该把它用在什么地方，用什么样的理念去制作这个微视频。

B 中学科学杜老师：学生自主学习的能力毕竟还是有强弱之分的。随着学习的部分前移，他们在课堂上表现出来的差距可能略微增大。这就需要教师动更多的脑筋，想办法通过一些手段把学生拉到同一起跑线上。当然这也是有好处的，发现差距后，落后的学生可以请同学帮忙辅导自己，集中精力，加速提升自己，最终实现全体学生以更快的速度完成对知识的掌握。

B 中学信息技术孙老师：希望有一个平台的支持。

B 中学地理杨老师：如何进行设计，把一节微课做得精练，让学生做到真正高效学习，是我们正在想的。

A 中学信息技术刘老师：我觉得现在制作微视频的工具比较多，我知道的就有三种，第一种是 PPT 或者录屏；第二种是 iPad 或数位板的手写功能；第三种我觉得用得更多的是手机，利用手机的拍摄功能。那么，怎样把这些工具结合起来做好一个视频？我觉得要好好想一想，根据学科特点或者要讲授的具体内容，合理地结合起来使用。

5. 实验教学的效果

D 中学数学徐老师：应该说是达到了我们预期的效果。学生通过微课程，可以反复地看，可以倒带，可以暂停，可以通过微课程做笔记。这样一来，学生整体的水平都差不多了，然后他们讨论、交流起来就更加容易，学生之间产生的火花就比较多，对问题的理解更加深入，比我们传统课堂教师讲授的效果要好很多。

D 中学语文田老师：比我们普通的 PPT 效果要好得多。PPT 就是以文字的形式呈现教学内容，对于高一的学生来说，虽然文字可以引发他们的想象力，但是对他们的形象思维冲击效果不够，微视频从多媒体的角度弥补了 PPT 的不足。

B 中学科学杜老师：效果当然是更好了！我们利用微课程把课堂大部分宝贵的时间腾出来交给了学生。事实也证明，我们的学生非常喜欢这种教学方法。有的学生甚至模仿我，在课堂上做实验的时候，他们把自己学习的笔记本电脑、iPad 拿出来对着同学的实验操作进行拍摄。我也鼓励他们录下来，然后把这些视频集中上传到班级的云盘上，相互点评，相互检查。看看自己哪里做得好，哪里做得不好；别人哪里做得不好，哪里做得好。相互学习借鉴，大大提高了他们学习的积极性。

A 中学信息技术袁老师：效果就是目标的达成度很高，缩短了基础环节的教学时间。

A 中学日语郭老师：微课程作为一个辅助工具，让学生在回家以后还可以像在学校一样继续学习，复习上课讲过的知识，起到了巩固的作用。

A 中学信息技术刘老师：我觉得使用的效果还可以。我曾经上了关于"演示文稿中的图片处理"这节课，演示文稿中的图片处理技术非常多，我让学生事先学习我制作的一段微视频，这个微视频主要讲了几种图片处理技术，例如，画中画、对影成双、变形记。学生在学习了这段微视频以后，甚至有了自己更新的想法，还给老师、同学在课堂上讲解。

B 中学数学张老师：课堂教学时间更加充裕了，因为微课程相当于把一些知识点前置了。到了课堂上，在基础知识学习方面，学生的起点是一样的，所以提升基础知识点的掌握程度，效果比较明显。因此，我们有更多的时间，可以去拓展一些知识点。对那些在数学学习上有更高要求的学生来讲，他们的收益明显比传统课堂更高。

6. 希望接受哪些方面的培训

A 中学物理胡老师：我希望有更好的设备，并且在制作动画方面得到一些培训，最终能够根据我讲授的知识点、所教学科的特点，制作出比较理想的动画素材。

A 中学信息技术刘老师：我觉得微视频是微课程的一个重要部分，但是微视频展示给每一个学生的内容都是一样的。我就在琢磨，如何给学生一个选择的机会，让学生根据自己的知识水平、前面知识的掌握程度，在微课程学习过程中自主选择学习的方向？使用什么技术可以达到这个效果，我想学习学习。

B 中学科学杜老师：希望得到更多同伴的帮助和支持。

B 中学数学张老师：第一，就是能有比较先进的案例供我们学习；第二，能给我们提供一些更好的技术，如软件技术，给我们提供好一点的专业软件，让我们录制出来的微视频更有吸引力，能够更好地达成教学目标，实现设计理念。

A 中学日语郭老师：我希望得到一些指导，例如，在微视频、微课程开发的时候可以用哪些软件，视频制作的一些技术要点的进阶指导，等等，这样我们后面的研究之路就会更加顺畅一些。

D 中学历史葛老师：我希望有机会看到一些非常优秀的微课程，给自己充充电。

D 中学生物张老师：第一个是应用技术方面的培训，第二个是微课程设计方法方面的培训。比如在教学内容的设计方面，必须在有限的时间内能够达成教学目标，应该是有技巧、有规律的。再如微视频的画面设计方面，我们教师也要好好学习，太单调了激不起学生的兴趣，太过复杂又干扰了学生学习的过程。

D 中学化学刘老师：举一个例子吧，我有时候制作一个视频，但是没有声音，我需要插入声音，就特别想学习怎样能够使声音结合得非常完美。再如，制作一个动画，我就想有人教教我怎样找到各种动画效果。我现在就是找这个人学一点，找那个人学一点，零零散散，觉得知识非常不系统。

D 中学数学徐老师：如何设计微课程，这个设计理念是一个大问题，有的教师讲 3 分钟，有的教师讲 5 分钟，讲的时间越长，有可能学生越不理解，那么我们怎样才能达到最好的效果呢？我很希望有人能给我讲一讲，或者是一起来探讨一下这个问题。

7. 对将要开展微课程项目的教师的建议

D 中学语文田老师：第一个就是因为这是微课，内容要简短、精练，所以一定要把握好重点、难点，尤其是学生生成的问题；第二个就是要增强微课的知识性和趣味性。

D 中学生物张老师：思路方面要有所改善，最重要的是在理念方面。第一个理念应该是从学生的学习这个本位出发；第二个理念就是教师在设计微课程的过程中要准确抓住学生的疑惑点。

B 中学数学张老师：教师要全身心投入，充满热情地去完成这项工作。从目前来看，这项工作要付出很多心血，很艰辛。但是从长远来看，着眼点是改变学生的学习方式，真正提高他们的学习效率，意义深远。在不断的实践过程中，教师要学习一些新的理念，完善自己的教学理念。

B 中学科学杜老师：要花很多时间和心血在内容的选取、编辑上。

A 中学信息技术袁老师：技术是他们首先要突破的一个难点。然后，对所有的教师，我觉得还是要在微课中怎么讲解这方面下功夫。

A 中学信息技术刘老师：工欲善其事，必先利其器。你要把软件、硬件全部准备好。

二、校长说

1. 实施微课程项目的初衷

C 中学刘校长：我觉得今天的教育面临巨大的挑战，让我们的学校适应信息技术发展对教育的挑战，我们需要主动应对。2012 年上半年，恰逢我市组织申报教育科研课题，我们学校就报了一个课题，课题名称是"认知弹性理论视角下校本培训'微课程'开发的研究"。经过专家评审，层层选拔和答辩，被立项为一项世界课题。我们今天的课堂教学，要提高教学的效率，怎样把我们的课堂变成学生喜欢的课堂，怎样把我们的知识用最简洁、最现代、最能跟时代接轨的方式呈现给学生，这是一个管理者需要研究的。要建设一所有特色的学校，背后需要有特色的教师、有特色的理念，还需要有特色的教学方法和模式。我们是在这样的背景下开展这项研究的。

B 中学刘校长：可以借这个机会提升教师的专业能力，尤其是课程的设计能力。在实践中，我们教师有意识地去培养学生，让他们把一些想法和感悟通过媒体、语言、制作的一些小品展示出来。

D 中学张校长：我们是从 2013 年 2 月开始研究微课程和翻转课堂的，这基于我们在 2009 年就开始对网络学习的研究。2009 年我们就开始把学生假期作业做成微课、微视频，后来我就想能不能在课堂教学中采用这种形式呢？ 2011 年我们了解到微课程、翻转课堂这些概念，然后 2013 年 2 月学校正式提出，准备在 9 月实施翻转课堂、微课程。

2. 微课程项目的组织管理经验

B 中学刘校长：在学校的管理工作中，我们是把微课程制作、实施作为教师团队建设的一个重要方面来推进的，学校充分给予经费保障、教师激励措施保障等。另外，学校在校内给学生建设了丰富的展示平台，让他们把学习成果在全校范围内加以共享。

D 中学张校长：我们从去年 9 月到 11 月，初步形成了"2 段 4 步 10 环节"翻转课堂教学模式。"2 段"是指我们的课堂分为自学质疑和训练展示两个阶段。这两个阶段也不是固定为 1∶1 的比例，教师可以根据学科和内容的区别，将比例调整为 2∶1，或者 3∶1 等。"4 步"是指教师备课的 4 个步骤：第一步是课时规划，第二步是微课设计，第三步是两案编制（教案和学案），第四步是微课录制。我们实施翻转课堂之后，教师需要对教学内容重新规划。例如，单元教学、专题教学等都要纳入我们的集体备课范围。"10 环节"就是自学质疑阶段的五个环节和训练展示阶段的五个环节。自学质疑阶段包括目标导学、教材自学、微课助学、合作助学、在线测学 5 个环节；训练展示阶段包括疑难突破、训练展示、合作提升、评价点拨、总结反思 5 个环节，一共 10 个环节。在这个基础上，我们正在逐步开展基于学科的研究，让教师利用这个模式，但也不是完全采用这个模式，完成学科建设，我们提出的口号是"创新翻转流程，规范翻转环节"。

C 中学刘校长：第一是价值引领。让我们的教师都要明确做这件事的意义何在，不是我要你做，是因为这个新的课程会解放教师、解放学生，会提高我们教学的效率，这就是价值引领。在这个层面，我们甚至要普及学生，普及家长。我们有很多家长，他只是一个旁观者，不愿参与到学校的学习管理中。其实现代教育需要家长的参与，不要认为孩子一摸到计算机就是在打游戏，实际上他也在通过这个网络和计算机预先学习。第二是项目推进。如果没有项目做依托，价值怎么去落实呢？我们有学校这个很好的载体，我抓住开展世界课题研究这个机会，对这个课题进行校内实施。因为课题本身是有流程的，我们就按照这个课题项目去做。第三是专家引领，或者叫专家指导。在实施过程中一定会发生很多问题，有的属于理念问题，有的属于技术问题，有的还涉及多学科整合问题。比如，信息技术教师懂技术，但他怎么能上升到教育理论的高度呢？比如，教师如何设计微课程，使它更适合自己的学科特点呢？这就涉及用什么软件、什么技术，怎么呈现。所以在这个过程中，就需要不断有人指导，不断有人管理，这叫动态管理。我这里的做法叫"兵教兵"，也就是"同伴互助"，专家就在自己身边。我自己也感觉到，今天信息技术的能力有些不是教出来的，是练出来的。只要大家都在用，就能产生智慧，就能找到解决问题的方法。第四是组织管理，也叫动态管理。作为校长，我很关心我们的课程落地，这就要有管理。首先，要建立一个组织。我们学校由校长挂帅，我是课题负责人，校长或校长团队可以用行政力量推动它，有调动资源的能力、组织协调的能力、评价激励的能力。学校建立了以我为代表、分管教学的副校长为常务负责人，并会集科研、教学、信息技术、教研组长等各个层面的代表组成的一个管理团队。其次，要拿出方案。这个方案不是拍脑袋的，必须有我们的教师参加，要有我们的骨干参加，共同制订方案。在这个过程中需要评选出一些优秀案例，这叫典型引入、榜样示范。我们学校的校园网上有一个微课程公共平台，教师制作的优秀微课程可以放上去展示。第五是评价。我们开发实施微课程，一定要有评价机制，这个评价一定是多元的，一定是非常实在的。比如，人人要上一节示范课，评选出更多的案例，让案例说话，让结果说话，让更多的教师和学生对微课程产生积极性，就是从管理上通过评价这个杠杆来促进他们学习。再如，我们今后对于教师用与不用、开发与不开发微课程，要成为绩效考核的一个指标。在这个初级阶段不妨推动一下，也许到了另一个阶段就变成了一种行动自觉，就不需要靠奖励了。还有，我们在每一个阶段的成果要拿出来请相对权威的专家来评价。这些成果是要放到网上的，有没有推广价值要专家来说，要大家来评价，要得到同行的一致认可，作为好东西来分享。

3. 遇到最大的问题与解决措施

D 中学张校长：问题有两个方面，第一个是学生的自学习惯和自学能力不足，以前没有发现学生的自学能力差。第二个是教师原有的学科教学水平不足，过去教师备什么讲什么，现在是学生问什么讲什么，在课堂上很多时候教师被学生提出的问题难住了，这就要求教师进一步提高自己的业务水平，这是目前我们遇到的最大问题。我们现在是这样操作的：进一步加大力度培养学生的自学习惯和自学方法，录制了很多培养学生自学习惯的微课、教材自学的微课、评价点拨的微课、观看微课方式的微课等。对于教师专业素养的提升，我们联系了多所知名师范大学的很多专家进校对教师进行培训，我想通过不断的培训，能够解决这些问题。

C 中学刘校长：首先是管理问题，我们有一部分教师习惯于常规的教学思想和模式，在教学上习惯于代工时代的拷贝、复制，不愿意去创新。其次，有的教师可能还有一个技术提升的问题，所以要从观念和技术两个方面同时加强。我认为要让他们尝到甜头，让他们感觉到这项工作做了以后，是事半功倍，是效率提升，是解放了他们。

B 中学刘校长：两个方面的挑战比较大，一是教师教学理念的转变，二是学校要创造宽松的环境，让教师大胆尝试。

4. 项目的实施效果

B 中学刘校长：学生比原先更主动、更积极地思考了。

D 中学张校长：学生的一些习惯、态度有所转变。我们做了一个问卷调查，由基本数据来证实。比如，在学习兴趣方面，75.7% 的学生认为翻转课堂能够激发自己的学习兴趣，能够轻松地自主学习；在学习态度方面，有22.8% 的学生认为极大地改变了学习态度，55.9% 的学生认为在一定程度上改变了自己的学习态度；在学习习惯方面，有 56.6% 的学生认为翻转课堂促进了良好学习习惯的养成，但是还有 24.6% 的学生认为不能很好地适应目前的学习，还需要老师的帮助。

C 中学刘校长：我们物理学科的吴老师向我反映，用不用微课程这种方式，对某一个适合的知识点来说，产生的效果是有差异的。我们还有其他的榜样，如信息技术教研组长袁老师，他在我们全校大会上介绍过他是怎么用微课程来提高学生信息技术考试能力的。考试能力也是一种能力，对比过去怎么教的，现在怎么教的，他觉得微课程这种方式效果好，学生喜欢，也解放了教师。学生可以实现及时、随时、随地、随身学习，而且反馈速度快、形象生动。在他的引领下，信息科组所有人都行动起来了，包括我们的日语郭老师，他对教育有一腔热诚，有内驱力，居然把日语学习的有关知识点开发成了游戏。学生通过打游戏、过关，巩固和提升了日语学习的各个知识点，效果非常好。结果我们的校园网上出现了一个帖子，说 A 中学出了一位男神，这位男神就是我们的郭老师，原来日语还可以这样学！见图 2-2-1。

图 2-2-1　将日语学习开发成游戏

校长们认为，开展微课程项目的出发点在于顺应国际上信息化教学发展的良好态势，充分利用信息技术手段，探索适应我国的新型教学模式，提升课堂教学效率，在拓宽教师的教学视野、提高其教学设计能力的同时，提高学生的自主学习能力。实施项目最大的困难在于教学理念的转变。微课程不仅是一种内容表现形式，更意味着整个教学方式的转变。学校领导者要耐心开展价值引领，以项目形式推进，关注动态管理，以评价促改革，用展示平台放大榜样的作用。

5. 对将要开展微课程项目的学校的建议

D 中学张校长：第一点，不要担心翻转课堂或者微课教学会耽误高考成绩等问题。对一个学校来讲，你不关注高考成绩就没有学校的今天，但你只关注高考成绩就没有学校的明天。所以我们应该尽可能在一些比较好的技术方面做一些探究，转变自己的教学理念。第二点，学校参加试验的班数要多、学科要全，才能更好地形成一种研究氛围，才有更强的研究能力。学校还要研究学生的学习过程，教师要由"研究教的专家"逐渐转变为"研究学的专家"。

B 中学刘校长：管理层和教师层都要做好前期的理念准备。学校要在教师的培养过程中形成合力，不要让教师单兵作战。

C 中学刘校长：模糊评价，重在激励。

三、学生说

1. 你在什么时候学习微视频？

B 中学学生 A：课中老师让我们看微视频。

A 中学学生 A：课堂中间我们看第一遍微视频，课后老师会把微视频通过微信平台发到我们的手机上。

B 中学学生 B：我们用微视频进行预习。

2. 你在哪些科目中应用过微视频？

B 中学学生 C：前几天我们学过生物的食物链，不使用微视频的时候，老师就是在黑板上写一大堆的字，然后用箭头连在一起，觉得非常杂，看不清。我们老师在课中的时候，直接用微视频把那些字都换成了相应的动物图片，更加直观。

A 中学学生 B：有一次我们艺术课的主题是一种舞蹈，老师先播放了一段视频，让我们欣赏一段很优美的舞蹈，大家都看得非常陶醉。

A 中学学生 C：政治是比较枯燥的，老师会用微视频来解释政治带来的社会影响。

A 中学学生 D：我们的日语课非常有趣，我们老师自称是小丹姐，用一个一个的微视频做成了一个日语课程系列，名字叫"小丹姐给你教日语"。微课有时候会介绍一些日本文化，也会教我们一些语法之类的知识，也有好多单词让我们去背。微课结合了声音和图像，给我们大脑一个刺激，使我们能够更自然、更顺利地记下这些东西。

D 中学学生 A：在学习物理的过程中，会有很多实验要做，老师会把这些实验过程的视频上传到平台上，我们可以反复观看，理解实验的结论和一些相关知识点。

3. 老师是否提供任务单指导你的微学习？

A 中学学生 E：在看视频之前，老师会给我们一张导学案，让我们带着问题去看这个视频。

B 中学学生 D：比如，老师在课堂上给我们讲语法，因为时间不够，所以讲得比较精简。课后老师制作了微视频，也有大量的语法，还配有小练习，让我们回家后自己多复习，而且会让我们把问题和答案都记下来，在第二天的课堂上讲解。

A 中学学生 F：音乐课主要是以讨论为主，老师一开始不会告诉我们视频中是哪种类型的舞蹈，让我们小组讨论，我们就根据动作使劲猜这是哪种舞蹈，感觉气氛很活跃。

A 中学学生 G：老师给我们看视频之前，会提示我们留意一下其中的一些细节，在微视频里面也会给我们提出一些问题，让我们思考，还会摘取一些高考题让我们来做。

4. 你喜欢这种学习方式吗？

D 中学学生 B：我非常喜欢这种学习方式，因为在以前的传统课堂中，都是老师在上面讲，我们在下面记。我们遇到有疑问的地方，也只有等到下课才能向老师提问。现在新的教学模式，我们在自学质疑的时候就能通过老师的讲解提前解决一些疑难点，如果还有不会的，下课后告诉老师，老师也会在课上给我们讲解。

D 中学学生 C：当然喜欢！因为翻转课堂给了我们更多的学习自主性。自学质疑课的最后，老师都会给我们 5~6 分钟时间，让我们自己讨论，因为我们在自己学习的过程中会产生很多问题，利用这 5~6 分钟的时间就可以解决大部分问题，也增强了我们的团队合作意识。

A 中学学生 H：看了微视频之后，每次联想到这个知识点，脑子里就会闪现视频中的画面，有形象直观的记忆，让我们对这个知识点记忆得更加深刻。有时候我们并没有刻意去记，但是这个知识点就已经记住了。学习效率比原来提升了，我们还感觉上课变得有趣了很多。

B 中学学生 E：我觉得挺好的，因为有时候会弄不懂，而且有时候不敢发言，在微视频的学习中可以自己去慢慢探究。

5. 你希望老师把微视频做成什么样？

学生 A：新潮，希望有更多互动。

学生 B：我喜欢更有趣的视频，我认为在欢笑中学习更有效。希望老师能够在视频中加入一些故事。

学生 C：我最喜欢老师在微视频中设计小练习、用语幽默的视频，既能学好知识点又不乏趣味性。

学生 D：内容丰富，画面清楚，条理清晰，声音结合文字、图像讲解。建议老师在视频中多加入自己的原创内容。

学生 E：直观、极简，希望微视频能融入更多创新元素。

学生 F：新颖，吸引眼球。希望能在更多课程中运用微视频。

第三节　微课设计再提高

一、我们为什么而教

　　既然记忆迟早会被忘记，而且在我们所学的知识中，可能大多数并不能对我们的生活和工作发挥作用，那么我们学习学科知识到底是为什么呢？法国物理学家、诺贝尔奖得主劳厄曾经说过这样一句话："重要的不是获得知识，而是发展思维能力。"劳厄的观点与爱因斯坦的名言"教育就是我们忘记一切所学的知识后，所剩下的东西"不谋而合。

　　我国知名教育家、南京师范大学附中的王占宝校长也有一段非常精彩的表述，他在《注重学科思维、提升学科智能》的发言中指出："学习的本质不在于把学生变成一本百科全书，而是让学生理解思想、学会思维、解决问题、创造新知。"

　　王校长把学科内容分为知识点、学科思维方法和学科思想三个层次，把知识点比喻成树叶，把学科思维方法比喻成树枝，把学科思想比喻成树根。他说，我们可能是从树叶开始认识一棵树的，但是不能仅限于收集树叶，而应该通过树根、树干、树枝将一片片树叶连接起来。而传统的学习常常专注于寻找树叶，这样的学习是浅层次的、局部的，缺乏深刻性和整体性。因此教师不仅要重视学生知识点的学习，更要关注学生对学科思想的理解和学科思维能力的提高。

　　由此看来，中外教育家对学科学习的基本看法是一致的，那就是发展思维能力和提高学科思维能力。王校长的这篇讲话有很多真知灼见，在《注重学科思维、提升学科智能》的发言中，王校长以几个学科为例，阐述了发展学生学科思维能力的重要性。比如，在数学学科思维能力的表述中，他说在平时的数学学习中，常常着眼于解题，而忘记了解题的目的，忽视了解题背后更高级别思维的学习。而在语文学科思维能力的表述中，他说受到大中华文化圈巨大影响的新加坡的高考作文有这样几道题。

1. 科学提倡怀疑精神，宗教信仰却镇压怀疑精神，你对此认可多少？

2. 中国的崛起是近年来对世界的最大威胁，请评论。

3. 哲学只是提问而不是回答，为什么学习它？

4. 幻想小说只是对现实的一种逃避，除此之外没有任何其他意义，你同意吗？

这些题目，内地学生所习惯的思维方式和表达方式很难适应，所以语文学习应该注意人文性和工具性的平衡。

其实，从多年前开始的大学自主招生，很多题目和新加坡的高考作文题颇为类似，如：

清华大学的自主招生面试题：请就清华大学毕业生张磊向耶鲁大学捐款888 万美元发表观点。

北京大学的自主招生面试题：中国目前是否有信仰，与道德、伦理和法制是否冲突？

复旦大学的自主招生面试题被网上称为神题：如来佛与玉皇大帝谁大？

上海交通大学的自主招生面试题：如果你是外星人，你在地球上待了一段时间要回去了，你最想带回去的东西是什么？为什么？

无论是作为参加自主招生面试的学生，还是像我们这样的中学学科教师，包括语文学科的教师，这些题目恐怕都很不容易回答。从表面上看，这些问题和语文关联都不大，但是这些题目所考查的是学生从语文以及其他学科中发展出来的思维能力。

可以预见，这样的题目还会频繁出现在将来的自主招生面试题中，甚至是高考作文题中。作为一名教师，尤其是语文学科的教师，您准备好帮助学生来应对了吗？这是一个值得我们全体教师思考的问题。

王校长还对历史学科的思维能力进行了一些阐述，他说："如果我们学习历史只是用记忆的方法，那我们最多只能说了解书本上的历史知识，但是我们很难培养历史探究能力。"

关于这一点，中国台湾大学的吕世浩教授在慕课三大平台之一的coursera上专门开设了一门历史课程，叫中国古代历史人物——秦始皇。在这个课程中，吕教授深刻阐述了历史学科的思维能力。在一节课中吕教授说：

活在这样的时代巨变之中，读历史到底对我们有什么用？各位从小学开始，我想都接受过很长时间的历史教育。你们扪心自问，在你们心中真的觉得读历史有用吗？你们觉得读历史对你的生命发挥了什么样的作用？

我必须告诉各位，在近代以前，不管是中国还是西方，培养各种领袖最重要的教育就是历史。历史学之所以在过去被重视，绝对不是像我们今天宣传的是为了丰富你的人文素养、为了陶冶你的人文情怀，这些理由都没错，但是不会只是这个样子。如果只是这样，它基本上就只是一个艺术品而已。过去的人重视历史，是因为历史有强烈的实用性，实用性是什么？就是我讲义里面说的，太史公说，我们学历史最重要的是对过去发生的事情，要"稽其兴、坏、成、败之理"。我们要彻底地分析、归纳过去的人为什么会成功？为什么会失败？一个时代为什么会兴盛？为什么会败坏？我们要明白道理在哪里，这样历史才有强烈的实用性，才能够为我们所用，历史才会是有用的学问。

有人说，如果按你这么说，历史真的这么有用，为什么我们过去学习时没有感觉到这一点？这就跟我们近代的教育有关系了。我们今天学校的现代教育这套设计，它基本上是一个时代的产物，是为了满足工业革命以后各行各业专业工匠人才需要的一种教育。它的目的是大量培养各种专业工匠，它的目的不在于培养领袖。也就是说你们过去受到的教育，坦白说是培养工匠的教育，不是培养领袖的教育。如果是工匠，那历史其实是一种可有可无的东西。说得更彻底一点，就算在这种工匠教育思想、指导思想下，培养出来的也往往是为了训练历史的工匠。这就是为什么这样的教育方针落实在你们的历史教育上，就会从小要求你们进行短期、大量的灌输式记忆。你们从小就去背诵各式各样的知识，可以忽略历史的本质应该是一种长期的、细致的思辨式教育。它的目的是让学生明白每个案例的道理何在，古人的选择何在，而不是要学生去死记时代、人名和地名。如果叫学生去死记时代、人名和地名，结果就是青年普遍对历史失去兴趣，他也不知道学习历史的作用何在。这样的教育，结果就是我们的社会有大量的工匠，可是我们这样的教育培养不出博学宏观的领袖人才。

吕教授对历史学科的定位和思维方法的阐述是否已经颠覆了您对历史学科的认知呢？对于我们大多数在中国学历史的学生来讲，这种颠覆都是实实在在的。我们原以为枯燥的历史课程居然是华语世界最受欢迎的慕课课程，其原因可能正是吕教授对于历史学科价值和思维方法精到和深入的讲解，让我们每个人都感受到了历史学科对我们日常生活和工作的价值。巧合的是，2012年复旦大学自主招生面试题：请谈一下你对黑格尔名言"历史给我们的教训是，人们从来都不知道汲取历史的教训"的理解。这恰好就是历史学科价值的问题。

作为一个学科教师，应该对此有深入的认识和了解。我们需要把这种思考和理解应用在微课设计中。当我们能够上升到这个层次来设计微课的时候，微课才能从根本上做到高质量，也才能帮助学生更好地学习学科知识，发展学科思维。

二、我们如何帮助学生更好地理解和记忆

1. 认知的脑和情绪的脑

脑科学的飞速发展为我们初步揭开了大脑学习之谜，我们可以充分应用脑科学的成果，对学习进行研究。基于这样的视角，我们可以把脑分为四个方面看待，分别是生理的脑、认知的脑、情绪的脑和社会的脑。生理的脑主要关注生存与安全的问题，这是大脑最为关注的方面；认知的脑关注对信息

和知识的理解与记忆；情绪的脑关注大脑的情绪、情感对于学习的影响；社会的脑关注学习者之间的交流与合作对学习的影响。这四个方面对于大脑来说各有侧重，但又是相辅相成的，缺一不可。下面我们仅仅探讨认知的脑和情绪的脑两个主题。

（1）认知的脑。

脑科学认为大脑天生就是意义建构者，因为大脑对意义的探寻是有生存取向的，大脑对有意义和无意义的信息与情境会做出截然不同的反应。对于有意义的信息，大脑会积极接纳，即使这个信息对于大脑是全新的，大脑也会主动学习，并且逐步形成一些认知模式，来理解新信息和原有信息之间的关系。而对于无意义的信息，大脑则会天生地产生抗拒。因此对于脑的理解和记忆，信息对个体是否有意义，它的作用要远远大于信息是否被个体理解。大脑对于有意义的信息，其记忆的强度和持久度，要远远超过仅仅是大脑能理解的那些信息。

对于大脑而言，什么是有意义的信息？科学给我们指出有三个方向：首先，是对个人生活能够产生影响和冲击的信息；其次，是和原有知识具有较强的相关性的信息，因为大脑有将新知识和原有知识聚合成一个更大的信息模式的倾向；最后，是能够引发积极或者消极情绪的信息。这三类信息对于大脑而言就是有意义的信息。

教师在日常教学中也会经常利用脑科学或认知科学的这些原理。比如，上课时，教师经常会采用复习引入的方法，这就是利用大脑对信息的相关性比较敏感的原理。而且在给学生上课的时候，教师也经常会举一些日常生活中的例子，或者是从日常生活中提出问题，这就是利用了大脑对于背景和模式比较敏感的特点。

总之，信息对大脑是否有意义，其作用要远远大于信息能否被大脑理解。这就意味着，无论是在日常教学中，还是在微课设计中，帮助学习者大脑建构意义是第一要义。

在微课中帮助学习者建构意义的四种方法：①揭示知识的应用价值和生

活意义；②多感官教学（尤其是视觉）；③运用思维导图；④激发积极的情感。在传统教学中，探究式学习、个性化学习等也是能够有效地帮助学习者建构意义的方法，在此不做讨论。

其中，激发积极的情感也很有意义，因为情感与认知是相辅相成的，情感会促进或者抑制认知。而多感官教学和运用思维导图都属于技术呈现技巧部分的内容，整个技术呈现技巧部分的内容都对应了认知的脑这一部分。我们重点来看看第一种：揭示知识的应用价值和生活意义。因为我们见过的许多微课中，我们感觉到这方面做得很不够，这或许是因为应试教育所造成的：国内的教学普遍重视知识本身，而不重视知识与生活的联系。其实一个好的教学，其首要的特点就是能够让学习者感受到知识的价值和与生活的联系。

比如前面吕世浩教授的微课，开宗明义地说："学习历史的作用就是用古人的智慧来磨砺自己，让自己变得更加聪明。"这一下子就激发了学习者大脑对于学习历史的意义认知，学习者的大脑一下子就被调动起来了，以非常积极主动的状态去学习知识和进行思维。而某节微课中采用了一段火车脱轨的视频，试图帮助学习者的大脑建构知识的背景和意义，学习者的大脑在这样的意义引领下，将会更加积极主动地进行学习。可汗学院的"加法"微课，在对进位加法的解释上采用了 1 元钱和 10 元钱的比喻。钱对于学生来说是比较熟悉并且经常会用到，因此这样的比喻让大多数学生很容易理解。正是由于大脑在认知方面对于意义建构的极端重要性，因此我们希望大家在设计微课时能够多多应用"揭示知识的应用价值和生活意义"这个方法。

（2）情绪的脑。

大家可能会问，我们不是在研究如何帮助学习者更好地理解和记忆吗？这和情绪有什么关系？其实脑科学的发展告诉我们，情绪和认知的关系是非常紧密的，情绪会促进或者抑制认知，反过来认知过程也会引发相应的情绪。脑科学为我们揭示了这样一条规律：脑处理不同类别信息的优先级是不同的，这种优先级可以划分为三层。首先，是影响生存的信息。大脑出于生存的取向会对影响生存的信息在第一时间进行处理，其他的所有信息都会被抛之脑后。比如，当我们走在人行道上，突然听到马路上汽车的鸣笛时，大脑就会在第一时间调节神经系统控制肌肉，让我们做出避让的反应，这就是大脑或人类的生存之道。其次，大脑会优先处理产生情绪的信息。最后，才是需要大脑进行学习和认知的信息。

在正常状态下，大脑会优先加工情绪事件。大脑对感觉信息进行加工的原理是：当一个感觉信息产生后，会先传到大脑中的丘脑，然后由丘脑传递到大脑皮层的感觉皮质，最后送达杏仁核，由杏仁核协调全身神经系统进行反应。而当大脑感受到一个情绪刺激以后，丘脑会直接把这个信息传递给杏仁核，由杏仁核做出反应。见图 2-3-1。

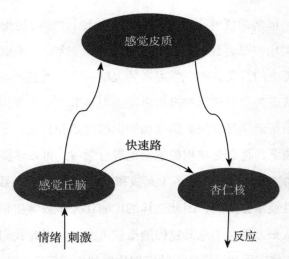

图 2-3-1 在正常状态下，脑会优先加工情绪事件

因此，我们可以这样理解：在大脑中存在一条情绪的高速公路。相比之下，正常的感觉信息处理通道就是一条绕行路。与此对应的是，大脑也会形成两套记忆系统：一套是记忆普通事物的，而另一套则是记忆有情绪意义的事物。在心理学中也有类似的理论，叫情绪记忆理论，该理论认为知识记忆容易被遗忘，而情绪记忆具有强烈、持久的特点，在记忆中处于优势地位。

我们对照自己的经历想一想，有什么信息或者场景让我们印象深刻呢？比如，电影中都会有一个曲折离奇的故事，令人回味无穷。电影中往往会有视觉效果非常震撼的场面，追求震撼的视觉效果几乎是好莱坞大片的不二法门，这就是为了给我们留下难忘的印象。电影中有很多发人深省的台词，让我们几年甚至几十年都难以淡忘。电影也离不开美妙而恰如其分的音乐。音乐可以很好地烘托电影的情境，为我们营造出更加丰富和立体的沉浸感。以上每件事情都是令我们难忘的，而电影则是上述所有要素的总和，它们联合作用，让我们沉浸在电影给我们营造的虚拟场景中，给我们的情感带来了极大的震撼。因此，相比单纯的信息或者知识，电影所呈现出来的故事、场景、话语、音乐往往令我们更加难忘。

说到这里相信您已经明白，高效的学习不仅是利用大脑简单的记忆功能，而且是情绪的脑和认知的脑联合作用的结果。情绪的介入，更好地促进了大脑记忆功能的发挥。从我们每个人的经历中，都能够找出类似的例子，与人的情绪相关的记忆会保存得更加长久。

我们该如何在教学中应用脑科学的这条规律呢？我们需要在学习材料和知识与学习者的情感之间建立起联系，或者说在学生学习时，我们要注意充分激发学生的情感。

调动和激发学生的情感是极为高明的教学手段。由这条规律我们再来反观名师的教学，大多数名师不仅知识点本身阐释得好，而且他们能够充分调动和激发学生的情感，这往往也是名师的教学艺术所在。为什么激发学生的情感会对学生的学习发挥作用？

首先，情绪是学习者建构意义的构成要素之一。前面我们在介绍认知的脑时，提到脑是天生的意义建构者，而意义建构有三要素，情绪就是其中的一个。当大脑识别到一个情绪事件后，会自发地调动各种认知手段来解释这个情绪。因此，情绪就是大脑进行意义建构的一个重要因素。

其次，情绪和情感能吸引学习者投入高度的注意力。脑科学研究表明，对学习情境的感觉往往会决定一个人投入注意力的程度，注意力越高，对学习者的认知就越有帮助。

最后，情绪能维持更为强烈、持久的记忆。这一点在前面已经介绍过。脑科学中关于情绪的脑的部分已经被一些教学法采纳，如李吉林所创造的情境教学法。情境教学法非常注重创建让学生感觉到轻松愉快、耳目一新的情境。情境教学法认为学生情感高涨和欢欣鼓舞之时，往往也是知识内化和深化之时，这一点和脑科学中关于情绪的脑的研究不谋而合。

回到微课设计中，微课设计的终极目标是要超越传统的讲授方式。这是因为学生采用微课进行学习时，往往处于师生分离的状态，教师无法掌握学生的学习状态，更谈不上进行有针对性的调整。因此，教师唯一的手段就是利用制作出来的微课真正地吸引学生。微课要真正做到这种超越，就绝不能简单地复制传统的知识讲解，而是要把重点放在如何激发学生的情感上。这就要求我们在设计和制作微课时，始终关注学生在看微课时的情绪，关注他们的感觉。只有我们始终关注学生学习的情绪，设计、制作出来的微课才能真正吸引学生，帮助学生更好地学习。

2. 激发情感的方法

下面向大家介绍几种激发学生情感的方法：通过震撼的场景感染学生情绪；讲一个好故事；提出能够造成认知冲突的问题；采用表演式教学风格。

（1）通过震撼的场景感染学生情绪。

成功的影视大片在视觉特效的投入上都是不惜血本，视觉特效的制作在影视大片的预算中是最高的部分，良好的视觉效果就是观众大呼过瘾、票房飙升，并且在很长时间内留下美好的记忆。微课的制作不可能和好莱坞大片相比，但是我们可以借鉴大片的这种手法，来感染学习者的情绪。最常用、最简单的方法当然就是"拿来主义"了，互联网上有非常丰富、精美的视频，尤其是以自然、地理、生物、人体等为主的科学类，好的视频不胜枚举。我们只要找到这些视频并且下载下来，就可以在微课中使用了，如火车脱轨的新闻视频、地球形成的科技专题片、章鱼在海水中畅游等。我们在设计微课之前，一个重要任务就是到网上去寻找好的视频，包括好的图片。只要我们有了通过震撼的场景感染学生情绪的意识，就可以大胆做一点尝试，如微课大型物理实验——11 米高有机玻璃管测定大气压。

教师让学生亲自动手做大气压测量实验，不过这个实验并不是书本上标准的水银柱实验，学生竟然自己动手搭起了 4 层楼高的水柱。我想无论是参与实验的学生，还是学校里看到这个壮观的水柱的学生，或者是观看微课的学生，都能感觉到一定程度上的震撼。想象一下，当这些学生走上工作岗位，大气压到底是多少毫米汞柱，早就忘到九霄云外了，但是这个 4 层楼高的水柱给他们带来的情感上的震撼，则会长久地印在他们的脑海里，这不正是大片的常用套路吗？见图 2-3-2。

图 2-3-2　水柱托里拆利实验

（2）讲一个好故事。

人人都爱听故事，从小到大我们几乎都被故事包围着，只不过故事是以不同的形式呈现在我们面前的。故事的形式有哪些呢？从我们小时候爱看的寓言故事、童话故事，到年轻人爱看的武侠小说、言情小说等各种小说的形式，中老年人爱听的评书，一直到以话剧为代表的戏剧艺术、电视剧和电影，它们的核心都是故事。因此，传播学认为故事是一切叙事艺术的第一要素。

为什么人人都爱听故事？故事有哪些特点？故事编写是传播学中的一门重要课程，我们在此不予详述，只简述一些要点。

第一，故事的语言是生活化的，比较有趣，人们爱听。相比之下，书面语言比较严谨，由于初学者还没有建构起知识大厦，所以初学者不太适应书面语言。

第二，故事是有场景、有情节的，而且情节还会不断地发展，人们容易形成画面感，就像我们在听评书或者看小说的时候，脑海里会不由自主地出现一些金戈铁马的景象。相比较而言，知识的表述是比较干巴的。

第三，故事有具体的场景、人物、事件，所以故事本身是具体而清晰的。而对于初学者来说，抽象的概念和空洞的说理由于不依附于具体的情境，因而不容易理解。具体的故事，能够使抽象变得具体，使模糊变得清晰，使初学者更容易理解。

第四，故事情节有悬念，人们容易形成期待感。我们听评书或者看小说的时候，当事情发展到紧要关头、十万火急的时候，我们迫切地想知道这件事情接下来怎么样了，但是往往在这个时候故事就戛然而止了，于是我们就无比期待下一段故事的开展。正是悬念所造成的期待感，充分调动了我们的情绪，也使得故事更加引人入胜。在知识讲授时，知识推演虽然也是从已知到未知，但是这种未知却毫无期待感可言。

第五，故事的代入感强，或者叫沉浸感强，人们往往更容易受到启示。人们不能理解某一个概念或观点的主要原因是其总是根据自己原有的经验，站在原有的角度思考问题。而当人们沉浸到故事的情境中，能够设身处地地感受和思考时，无疑更容易得到启示。相比较而言，单纯的说教由于没有足够客观的事实，也没有实际的情境，所以不仅说服力不强，而且容易让人反感。如果我们直接告知人们一个观点，同样由于没有具体的情境，而难以被人们理解和接受。

正是因为故事有如此多的特点和优点，因此故事获得了人们广泛的喜爱。在我们的教学中，能否借鉴故事的生动、有趣、具体、情境化等优点，从而强烈地吸引学生呢？我们发现已经有不少教师在教学中使用了故事的形式，移植了故事的特点，甚至已经出现了"故事教学法"一词。微课作为一种以视频为载体的叙事艺术，更应该充分发挥故事的特点。

（3）提出能够造成认知冲突的问题。

认知冲突是一个心理学概念，它是指在学习者已建立的认知结构与外部环境进行交互时，发现已学知识无法解释外部环境，或者是得出了自相矛盾的结论，这样学习者就产生了认知失衡。由于人类天生具有保持认知平衡的倾向，因此这种失衡会造成学习者的认知紧张感。为了消除这种不舒服的感觉，学习者就从内心产生了认知需要，进而引发学习新知识的积极心理状态和行为。当学习者通过新知识解决了与外部环境的矛盾冲突以后，就会形成新的认知平衡。这个过程就是认知冲突的产生和再平衡的过程。

创设认知冲突的教学策略与情境教学法中的情境创设方法之一——"创设问题情境"是比较类似的，只不过创设认知冲突是一种特殊的问题情境。它要求提出的问题与学习者的原有经验互相冲突，只有这样才能让学习者产生认知失衡，进而使学习者内心产生强烈的认知需要，这才是创设认知冲突的核心所在。

下面请看一个微课案例，这是一个关于静电感应的实验型微课，题目为"导体球壳上电荷的转移"。

桌面上有一个验电器，金属箔闭合，可见验电器不带电。桌面上还有一个带电导体球壳。接下来，用一只带有塑料绝缘柄的金属球先接触带电导体球壳的外表面，再接触验电器的金属球，我们看到验电器的金属箔张开了，说明带电导体球壳外表面有电荷，通过金属球转移到了验电器上。

再来一次，我们让带有塑料绝缘柄的金属球，先接触导体球壳的内部，再接触验电器的金属球，我们发现验电器的金属箔并没有张开，说明导体球壳内部根本就没有电荷。

那么，如果我们用一根金属导线，把验电器的金属球与导体球壳内部直接连接起来，你猜验电器的金属箔会不会张开呢？

实验结果：这一次验电器的金属箔竟然张开了！说明有电荷从导体球壳内部转移到了验电器上。那么导体球壳内部到底有没有电荷呢？

这个微课案例如果事先不知道答案，那么我们是否也随着实验的进展，产生了一次又一次的认知冲突？现在是否也想进一步了解实验的结果和最终的解释？这个微课是创设认知冲突教学策略的一次成功应用，值得我们借鉴。通过这个微课案例，我们可以总结出创设认知冲突的三个作用。

① 形成悬念，活跃思维。悬念是故事引人入胜的一个关键要素，而在教学中创设认知冲突，也能够在学生心目中形成悬念，进而形成学生的期待感，同时能够使学生的思维变得更加活跃，提高教学效率。

② 强化注意，凝聚思维。观看微课的过程中，学生的注意力应该是高度集中的，而且一直跟随着教师的步伐。这一点对于微课的设计尤为重要，因为学生在使用微课学习时，往往是教师无法控制的，教师只能通过微课的设计来牢牢吸引学生的注意力。

③ 激发内需，发展思维。微课中随着教师问题的提出，尤其是实验结果与假设有冲突的时候，学生就被激起了强烈的求知欲。这种学习的内驱力，才是我们教学中至关重要的。

因此，我们如果在微课设计中很好地利用"创设认知冲突"这一教学策略，无疑将大大提高微课的质量，增加对学生的吸引力，确保学生使用微课学习的效果。

（4）采用表演式教学风格。

所谓表演式教学风格，是指"教师通过风趣幽默的表情、语言和动作，为学习者创造出轻松有趣的学习氛围"的一种教学风格。这种教学风格尤其适合微课的制作，因为在慕课中有一项调查表明，表演式教学风格的视频受到了学生的广泛喜爱。

因此，在微课制作中，我们应该尽可能地采用表演式教学风格。不过受中国传统文化的影响，无论是在传统讲授时，还是在微课录制时，能够进行表演式教学的教师并不多见。这一情况在中小学如何？一项针对中小学生的调查表明，学生最欣赏的教师品质排在首位的就是幽默，而幽默和风趣正是表演式教学的核心所在。

最近几年随着脑科学的发展，幽默的作用得到了脑科学研究的证实。美国科学家在《自然》杂志上发表文章指出，幽默对于大脑的作用相当于可卡因，它会刺激位于下丘脑中的快乐中枢，使得人体发生一系列的生物化学反应，让人感觉到愉快和快乐。幽默是一种很难得的品质，我们可以尝试在教学中尽量往风趣轻松上靠拢。

采用表演式教学风格的优秀微课，让学习者观看起来很过瘾，几分钟好像一晃就过去了。总长度在 15 分钟以内的优秀微课，大多数学生都能一口气看完。如果一个微课能够设计得非常吸引学习者，那么微课设计的 6 分钟法则或者 10 分钟法则都可以适度延长，而丝毫不会影响学习效果。在微课中，主讲教师更像一位演员，也像一名编剧和导演，自己编故事、自己表演，一个人玩得不亦乐乎，顺带也把他的学习者卷进去了。这就是表演式教学风格的核心，是通过风趣幽默的表演，把学习者带入学习情境，让学习者在愉快甚至是亢奋的情绪下进行学习。这也正是利用了"大脑处理情绪比处理信息优先级更高"的原理，通过激发情感帮助学习者更好地学习知识。微课这个虚拟空间给教师创造了更为丰富、更为灵活，也更容易放得开的教学演绎空间。教师有可能在微课这个虚拟空间内采用更丰富的手段、更灵活的方式进行教学演绎，秀出与平时不一样的自我。

第四节　微课程的开发流程

微课程是现代教育理念与互联网技术相结合的典型代表，中小学教师可以团队开发微课程，教师需要掌握微课程设计开发的一般流程，了解微课程设计开发的方法策略，学会选择与使用微课程设计开发的常用工具，以及了解微课程实施的思路及要点，等等。精品微课程开发包括以下三大阶段：选题、设计、制作。下面从这三个阶段介绍如何开发微课程。

一、选题

选题是微课程开发的第一个阶段。一个好的选题，为制作出一个高质量的微课程奠定了良好的基础。选题要精准，一旦方向偏了，即使技术用得再好，制作出的微课程也会大打折扣。

微课程如何选题呢？一般要从课程标准出发，结合系统设计和教学设计，筛选出一个知识点，并评估这个知识点的内容和表现形式是否适合做成微课程，然后确定是否开发这个主题。

一是基于课程标准的系统规划。这一般是一个学校教研组或一个区县教研团队需要做的工作，可以避免教师各自为政，导致热闹的选题人人做，冷僻的选题没人做，不利于微课程的交流共享。而且经过系统规划的微课程群，能够帮助学生建立完整的知识体系，避免碎片化学习带来的"只见树木，不见森林"的遗憾。

例如，可汗学院的课程结构是从知识单元到知识点，再进一步把知识点细分为微学习活动，突出了微课程与教学活动的融合。最后，再用"概念图"形式描述知识点之间的逻辑关系。下图是可汗学院八年级数学知识层次结构，从知识单元出发，其中一个知识单元划分为四个知识点，一个知识点分为四个学习点，对应三个讲解视频和一个测验活动。这样系统的划分和概念图的引入，避免了碎片化学习造成的知识体系的支离破碎。见图2-4-1。

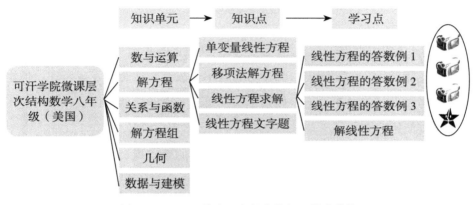

图 2-4-1　可汗学院八年级数学知识层次结构

二是教学设计分析。选题前，首先要确定微课程在整个教学设计中的地位，是课前预习、课中讲解还是课后复习？其次要分析教材和学生。例如，如果采用翻转课堂的模式让学生在家自学微课程，然后到课堂上来讨论，那就要分析选择的知识点难度是否合理，是否会造成学生错误理解。学生学习新知识的时候，第一印象很重要，要让学生"一见钟情"，而不是"一见中枪"。所以课前预习尽量选择简单知识点，课中讲解一般选择重难点，课后复习适合选择易错点和易混淆点。有些讲解重难点和易错点的微课程，既可以用于课中讲解，也可以用于课后复习，一石二鸟。

微课程的最佳时长在5分钟左右，最长不超过10分钟，有些大的知识点10分钟讲不完怎么办？我们可以把一个大知识点拆分为多个学习点，做精做细，然后组合成一个完整的微课程体系，这才是我们想要的微课程。微课程不是学科知识的系统讲解，不是45分钟课堂的浓缩，而是简约生动、另辟蹊径的单个知识点授导。

看完以上分析，你是否还觉得所有课程标准以内的知识点都可以做成微课程呢？有些选题做成微课可以减轻教师授课压力，提升授课效果；而不当选题就像画蛇添足，多此一举。关于选题有两个建议。

第一，选择适合多媒体表达的主题。例如，实验或者技能训练型的课题，教师演示的时候学生可能没看清、没记住，如果有微视频就可以看清细节，反复观看。

第二，选择固化的知识主题。例如，数理化的关键概念、英语的语法，这些都是相对固化的知识点，其核心内容不会改变，适合开发成微课。但是某一次考试的试卷分析，下一届学生不一定还考原题，如果做成微课程，不利于反复使用或交流共享。

总之，微课程选题思路是：基于课程标准的系统规划先行→教学设计分析→聚焦一个知识点→评估知识点是否适合多媒体表达或相对固化。

二、设计

微课程教学设计与传统课堂的教学设计有哪些区别呢？传统课堂教学环节有导入→讲授→活动→评价→小结，这些环节在微课程中也是需要的，麻雀虽小，五脏俱全。其实，传统课堂教学设计的很多原则都适用于微课程，只是由于时间限制，我们需要在微课程中做得更精彩。见图2-4-2。

图 2-4-2　设 计 原 则

微课程设计有两大要素：微视频和学习任务单。导入、讲授、小结都包含在微视频里，学习评价和活动大多在学习任务单中。有的教师要做互动的微视频，那么教学活动和评价也可以嵌入微视频。

微课程内容设计大多采用经典的"三段论"叙事逻辑：为什么？是什么？怎么做？或者是情境、疑问、回答。而在教学过程上，微视频可以分为导入、授导、小结三个环节。下面我们就从这三方面出发，讲解微课程设计策略。见图 2-4-3。

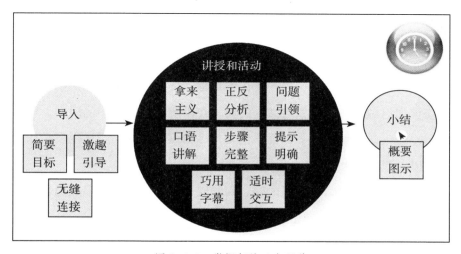

图 2-4-3　微视频的三个环节

1. 导入

微课程常见的导入方法有目标导入、情境导入、故事导入、范例导入、问题导入、游戏导入。

策略一，简短。1 分钟以内，一句话点明学习目标。导入一般控制在 1 分钟以内，我们往往会在导入结束的时候，一句话点明学习目标。教师千万不要用三维教学目标来阐述学习目标，这不是说课。如果确实需要让学生理解课程更深层的学习目标，请把三维目标放到学习任务单中。

策略二，激趣。俗话说良好的开头是成功的一半，兴趣是最好的老师。所以导入一定要吊起学生的胃口，引发他们对后续内容的关注。导入的最高境界是导入和讲授内容融为一体，过渡流畅，而不是生搬硬套。

2. 授导

授导环节需要做到：精细化设计，去掉不必要的废话，让阐述更精练；反复推敲解说词，让解释更精确；创新方法，从特别的角度来阐述问题，让表达更精彩。有没有具体的策略帮助我们实现这三大目标呢？

策略一，"他山之石，可以攻玉。"在开始策划微课程的时候，我们一定不要忽略搜索网上资料，看看有没有合适的视频、动画、图片可以帮助我们形象地讲解概念。

策略二，微课程要给学生讲清楚基本概念和关键技能。对一些重要的基本概念，既要说清楚是什么，又要说清楚不是什么，让学生明确基本概念和原理。例如，什么是微课程，什么不是微课程。对于关键技能的教学，要说明应该如何做，不应该如何做。例如，在讲解计算机操作的时候，可以适当演示一些错误的做法，并告诉学生为什么错误。这样，当学生误操作的时候，可以立即自我更正。

策略三，用问题串联课程内容。问题既是教师启发学生串联内容的好帮手，又是帮助学生内化知识的学习支架。

策略四，口语化讲解，营造一对一的学习气氛。以一对一的口气来讲解知识点或技能点，要尽量口语化。在突破课程重点、难点的时候，尽量使用举例、比喻、对比的方法，深入浅出地讲解。微课程不是文字材料的多媒体化，不是照本宣科的机械解读，而是帮助学生厘清逻辑和内化知识的好帮手。

策略五，不要轻易跳过学习步骤。对教师来说很简单的东西，对学生来说可能很难。记住，课程需要覆盖不同程度的学生。

策略六，要给学生提示性信息。在微视频画面设计中，我们可以运用画线，做记号，关键字改变颜色、放大等小技巧，突出关键信息，强化学生的理解或记忆。

策略七，用字幕的方式补充微课程不容易说清楚的部分。在一些语义易于混淆的地方加入字幕，让表达更精确一些。

策略八，加强人力资源的互动和学生的私密参与。视频是单向传播的，容易引起视觉疲劳。在单向的视频中加入暂停，提出一些问题，让学生及时回忆课程要点，或者在操作过程中暂停，让学生点击一下按钮才能继续，这些小互动都能吸引学生的注意力，及时巩固学习效果。例如，采用测试的方法，让学生及时回顾讲述的要点，然后计算机可以直接反馈结果，这是我们最常用的交互方式；还可以通过模拟游戏、虚拟实验等方式，让学生参与到课程中，进行人机交互；或者采用问卷投票的方式，让学生反馈自己的想法；还可以借助社交工具软件，引导学生在网上讨论。

3. 小结

5 分钟以上的微课程就算是较长的微课程了。课程结束时，最好加入回顾和总结。总结一定要简短，不超过 1 分钟。尽量用概念图显示要点之间的逻辑关系，这样才能帮助学生系统记忆课程重点。

微视频完成后，我们还需要填写学习任务单。那么，什么是学习任务单呢？学习任务单是和微课程配套的学案，主要包括以下内容：学习目标、学习资源、学习方法、学习任务、学习反思、后续学习预告。学习任务单需要从学生的角度出发来撰写，指导语要明确清晰。其中学习资源是指微课程配套的资源。学习方法主要是学法上的建议，如微课程是分段让学生完成任务的，需要在学习方法中给学生指明。学习任务是其中的核心内容，包括学习活动和学习评价，教师会把测试题、操作任务、思考题等详细写在学习任务中，让学生学完微视频后及时练习，巩固知识。学习反思是让学生填写的。后续学习预告是告知学生该课程的后续相关课程，这部分内容是可选的。见图 2-4-4。

从学生角度出发，指导语清晰明确。

学习目标

学习资源 ▸ 微课程以外的相关资源。（可选）

学习方法 ▸ 指导学生如何学习微课程。

学习任务 ▸ 包括学习活动和学习评价，如学完微视频后的测试题、操作任务、思考题等。

学习反思 ▸ 让学生填写。

后续学习预告 ▸ 微课程学习完成后的后续学习课程的预告。（可选）

图 2-4-4 从学生的角度出发撰写学习任务单

三、制作

微课程制作步骤包括策划脚本、选择工具、多媒体素材采集、二次加工、整合发布。其实这个流程就像做菜，策划脚本就像找到菜谱，选择工具就像准备炒菜的工具，多媒体素材采集则类似准备原材料，二次加工就是炒菜的过程，而整合发布就是装盘了。经过这一系列的打磨，一个好看又值得回味的微课程就出炉了。见图 2-4-5。

制作五步骤：

策划脚本　选择工具　多媒体素材采集　二次加工　整合发布

图 2-4-5 微课程制作步骤

1. 策划脚本

想要制作精品微课程，首先要策划脚本，那什么是脚本呢？脚本是包括图像、字幕等视觉语言，解说、音乐等听觉语言，以及所有内容的时间规划。

表2-4-1是"静电的防止与利用"微课程脚本。这个脚本规划了每一步的画面呈现、解说词、时间预估，其中最重要的就是撰写解说词。微课程的最佳时长在 5 分钟左右，正常的语速为每分钟 200 字左右，所以一个 5 分钟左右的微课程解说词不能超过 1000 个字。撰写解说词，能有效帮助教师消灭废话，控制时长。

表2-4-1 "静电的防止与利用"微课程脚本

静电平衡					
镜头序号	画面描述	图像	解说	时长	备注
A1	电子逐渐向左侧转移，逐渐产生一个方向向左的感应电场	动画：	把一个不带电的金属导体 $ABCD$ 放到场强为 E_0 的电场中。由于静电感应，AB 平面上将感应出负电荷，CD 侧感应出正电荷，于是在导体内部产生了与 E_0 方向相反的感应电场 E'。当电子不再移动时，导体内部 $E=0$，导体达到静电平衡状态	20s	
A2	配合解说，逐条出现	处于静电平衡状态下的导体的性质：（1）内部场强处处为 0。（2）内部没有净电荷。（3）电荷分布在外表面，越尖锐的地方电荷越密集，凹陷的地方几乎没有电荷	处于静电平衡状态下的导体的性质：1.内部场强处处为0。2.内部没有净电荷。3.电荷分布在外表面，越尖锐的地方电荷越密集，凹陷的地方几乎没有电荷	30s	

2. 选择制作工具

微课程的主体内容大多以微视频的方式呈现，这样方便网络传播，支持移动学习。制作微视频的工具有很多，我们在这里只介绍一些简单实用的经济套餐，分为三大类：拍摄与剪辑、录屏与剪辑、PPT。见图 2-4-6。

图 2-4-6　制作微视频的工具

　　拍摄与剪辑是最常见的微课程制作方式，用手机、相机或 DV 就能完成。如果有条件用一些高级装备，效果会更好。拍摄完成后，还需要使用软件进行简单的剪辑，删除一些冗余的镜头，让微视频更精练。见图 2-4-7。

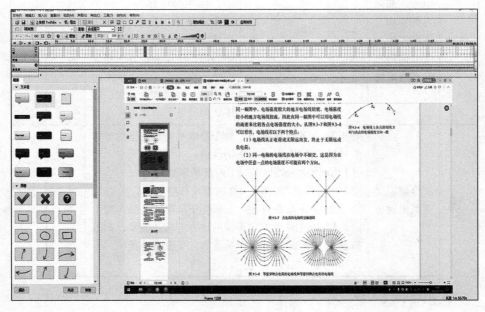

图 2-4-7　剪辑

录屏与剪辑也是教师较常用的微视频制作方式，教师的脸和手不用出镜，画面清晰整洁，实现互动更轻松。对于公式演算或知识归纳类型的课程，效果是优于拍摄的。这种方式对技术的要求略高一些，需要教师学习一些简单的录屏软件，例如，用 BB FlashBack Pro 4 Recorder 录制计算机操作界面。如果牵涉到绘图和演算，还需要准备手写板等硬件设备。见图 2-4-8。

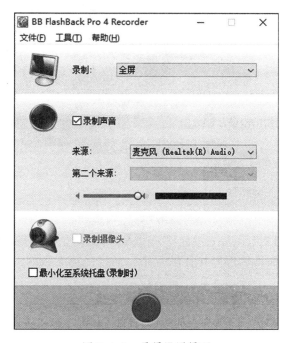

图 2-4-8　录屏设置界面

PPT 作为一个群众基础广泛的工具，操作简单，功能强大，且符合教师的教学习惯。PPT 2010 版本以上录制和创建视频都非常简单，唯一的缺点是导出的文件非常大，容易引起死机。

以上几种工具的选择并非单线程的，可以同时采用多种方式录制微课程。PPT+ 录屏就是制作微课程的一个黄金组合。

制作好的微课程如何发布呢？ Story Line 就是一款集大成的微课程开发工具，一个软件就可以完成录屏、剪辑、互动、发布到互联网或移动终端等各项任务。见图 2-4-9。

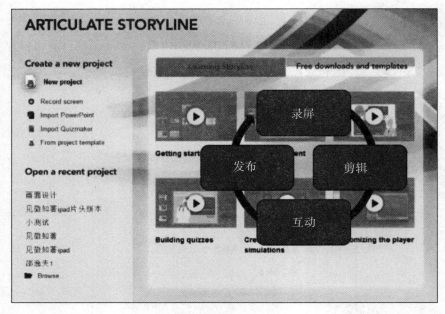

图 2-4-9　Story　Line

但是这一款工具软件操作比较复杂，而且是英文版的，大部分教师无法接受。所以，关于工具的选择，我们认为既要考虑微课程的内容，又要考虑教师可以达到的技术水平，适合的才是最好的。

3. 多媒体素材采集

这是最关键的阶段。我们都知道菜好不好首先要看原料是否新鲜，搭配是否合理。制作微课程就像做菜，搜集素材的时候，一定要注意搜集的素材精度要高，风格要统一，颜色要协调。在拍摄的时候，要特别注意用光、构图和声音，录屏的时候要特别注意声音和精度。俗话说，剪得好不如拍得好。如果在拍摄或录制的环节，影像或声音出了问题，例如，聚焦模糊、噪声过大等，是很难通过后期处理解决的。

4. 二次加工

虽然我们在搜集素材的阶段已经很用心了，但是原始素材大多不够完美，就像没有烧熟的菜，需要经过二次加工，才能看到合格的成品。而且，"拿来主义"不等于"抄来主义"，对于网上下载的一些英文资料，至少需要做一些汉化工作。

拍摄的二次加工包括加入片头、字幕、标注，视频剪辑，变焦和配音，等等。后期加工可以帮助我们更好地理解内容，记忆关键点。经过后期编辑的微课程，在画面效果和精确表达上都有所提升，所以要想制作精彩的微课程，教师至少需要精通一到两个多媒体编辑工具，并多看看广告、绘画等设计类的产品，提升审美品位，让微课程有声有色。

5. 整合与发布微课程

通过整合并发布微课程，让微课程成为一个可以在线浏览的文件包，可以方便学生学习和教师交流。但是饭店的菜好不好顾客说了算，微课程好不好学习效果说了算。在后续的教学过程中，教师还需要对发布的微课程不断进行反思和修改，最终才能做出受学生欢迎的微课程。

以上就是微课程制作的五个步骤。其实在实际开发过程中，这些步骤并非线性的，而是交错的。例如，在多媒体素材采集的过程中，教师可能会修改脚本。微课程往往是边做边完善的，所以"微"易行，"精"难做。做好微课程需要大量时间和精力的付出。但是，我们相信，这对于教师的专业发展是有益的。

第五节　微课媒体的声音

微课媒体的声音分为语音、话语和音乐三个层面。

一、语音

语音是指偏向于声响的方面，重点在噪声的抑制，必须充分保证学习者使用微课学习时在听觉方面的舒适度。不过，很多教师录制微课是个人单打独斗，并没有什么专业设备，有哪些简便可行的办法呢？

如果想用计算机录屏的方式录制微课，就需要购买一款具有降噪功能的耳麦。好一点的耳麦不仅具有一般意义上的降噪功能，可以自动过滤环境中的风声等低频噪声，更重要的是它会做成无线款式，自带一个外置声卡，就像无线鼠标的那个小 USB 接收头，因此可以有效地消除有线耳麦到计算机主机之间线缆感应到的电流噪声，进一步提升了降噪效果。

如果是用手机或数码相机录制微课，就很难过滤掉环境中的噪声，那么就建议购买一款录音笔。一般来说，录音笔的录音效果是非常好的，而且我们在后期可以把录音笔录制的声音文件导入 CS 软件，然后与视频同步合成。

如果对制作的微课视频要求不是很高，那么用软件的方法也可以解决一些问题，例如，CS 软件本身就有降噪处理的功能。

在语音层面，我们还要控制好录音的音量。在正式录制之前，建议先试录一次，检验音量是否与计算机上任意找到的一段歌曲或视频的音量大小基本一致。如果相差太大，可以在录屏软件中调整麦克风的音量。如果录制完成后才发现音量太小，也可以通过 CS 软件在后期编辑的时候调节音量。

语音的第三个层面就是音质。如果教师有播音员般的音质，那就太完美了，能给人以艺术般的享受，这是教师追求的目标。所以，教师在录制音频之前要先调整好情绪，清润好嗓音，让自己的声音清晰洪亮。如果自己的音质实在没有优势，甚至方言太重，那就建议请学生来帮忙录制，能让制作出来的微课更加具有亲和力、吸引力。

二、话语

制作微课时，如果在音质方面没有优势，就要在话语层面进行弥补。微课话语要力求教学语言准确、流利。准确是教师教学的基本功；流利一方面出自教学基本功，另一方面可以通过后期剪辑来实现，让学习者在观看微课视频的时候，感觉到老师讲得非常流利。

微课的话语特别提倡采用表演式的语速、语调。我们虽然没有播音员的音质，但我们要用表演者的心态来做配音。文科话语要抑扬顿挫有情感，理科话语要风趣幽默有激情，而不是平铺直叙地念稿子，缺乏变化和现场感，让人感觉非常枯燥。这一点比音质重要得多！

声音本身就是情境的重要组成部分，好的声音、恰当的声音、有感染力的声音可以为学习者营造一个更加丰富多彩的情境。教师即使不出镜，也可以用声音来吸引学习者。

微课的录制给了教师一个更大、更广阔的教学空间，在这个教学空间中教师可以采纳更多的教授形式。例如，教师可以像电视台名人访谈节目那样，采用一问一答、多人对话的方式来录制微课，而不是一个人孤独地讲，就能给人以新鲜的现场感，学生在"看热闹"的心态激发下，被牢牢吸引了过来。

下面就是一个采用对话方式来设计的微课话语案例，供教师参考。

课题：视频质量（云课堂）

男：一谈到视频质量的话题，我们一定会考虑一个问题。

女：就是视频一定要是高清的。

男：因为我们平时在看电影的时候，都非常喜欢一些高质量的视频。

女：嗯，会给你一种不一样的享受。

男：如果我们想要录制这种高质量视频，需要采用哪些设备呢？

女：嗯？

男：不过开始还是要做一个简单的说明，说到 720p HD，这个数也太专业了，那我们用什么样的设备才能录制出来呢？

女：嗯？

男：介绍一下，第一个就是我们的……

女：手机了！智能手机对吧？

男：一般的智能手机就可以了，iPhone 一定可以，虽然成本可能比较高。

女：第二个就是 iPad。

男：一些笔记本电脑。

女：它的内置网络摄像头都是可以的。

男：还有一个设备好像比较少见，就是高清摄像机……

三、音乐

音乐对于微课有两个作用：第一是营造氛围；第二是缓解枯燥感。

用音乐营造氛围是微课中经常采用的方法，有些展示性质的微课就不需要教师说话，完全由音乐营造一个氛围就可以了。

或者，当老师开始解说的时候，同时轻声响起一段格调一致的音乐，就可以营造出深邃、愉悦、困惑、轻松等各种氛围，大幅增强微课的表现力，丰富学习者的体验。音乐的选择要恰当，这就要求制作微课的教师平时听很多音乐，在记忆中有深厚的音乐素材积累。

按理说，微课中音乐并不是必然存在的。但是对于物理微课，教师讲授的很多知识都非常抽象、难懂难记，如果学习者长时间听教师单调的解说，会感到很枯燥。这个时候如果能配上一点轻音乐（音乐的音量比较小，并不干扰学生的思维）就能比较好地缓解枯燥感。

第三章

微视频的制作

第一节　微视频设计与制作

所谓工欲善其事，必先利其器，选好工具无疑会事半功倍。

一、知识分类

为了有针对性地选择适当的制作工具，不妨首先对知识进行简单的分类。结合教学目标和传授方式的差异，我们可将知识大致分为以下六类：①理论讲授型，以讲授型教学模式为主，注重事实、概念、原理等的传授；②推理演算型，强调过程理解，具有较强的数理逻辑；③技能训练型，注重学习者某种技能或技巧的培养，以学习者参与和体验为特点，如软件操作、硬件组装、歌唱、体育等；④实验操作型，通过专门仪器设备控制或模拟研究对象、条件或环境等，探究事物的性质、规律等，如化学实验；⑤答疑解惑型，以问题为导向，在教师的指导下建立问题与知识间的联系，设计核心在于问题情境的设置；⑥情感感悟型，强调学习者的感悟与启发，注重学习者人格的完善。

二、设计与制作微视频的方式

清楚了知识分类，我们就可以有针对性地选择合适的工具了。根据获取手法的不同，微视频的设计与制作可以分为五种方式：①基于拍摄；②基于录屏；③基于 PPT；④基于动画；⑤基于交互。然后，我们就可以根据微视频设计制作的方式选择合适的工具了。

第二节 基于拍摄的微视频制作

基于拍摄，就是用镜头记录整个过程，真人、真物、真场景，相机、手机、DV、平板、摄像机都可以。曾经贵为"王谢堂前燕"的单反、DV，如今也已"飞入寻常百姓家"。

一、节俭模式

没有单反，没有摄像机，可能连个高清的手机都没有，只有一个很普通的智能手机，也丝毫不影响我们自编、自导、自演的热情。很多情况下，一个手机确实可以搞定拍摄，一人讲一人拍。不过手机拍摄也得注意技巧，在此支五招。

第一招，背景要干净。拍摄的时候要注意背景干净。比如，干干净净的一面墙，背景相对单一，主体就更加突出。切忌背景过于杂乱，喧宾夺主，干扰学习者的注意力。见图3-2-1。

图 3-2-1 背景干净的图片

第二招，设定自动。手机的拍摄设置，例如，聚焦模式、白平衡、感光度等，尽量设定为自动模式。

第三招，姿势要稳。通常在室内环境快门会自动变慢，所以拍摄姿势很重要，最好的方法是双手握持手机，尽量保持其稳定性，避免画面严重拖尾。

第四招，变焦靠走。手机无法实现光学变焦，只有数码变焦，但是经过数码变焦后，画面的细节明显比原生的模糊。那么想把主体拍大一点，就要直接走近一点。有的时候不便找别人帮忙，怎么办？一个支架就能搞定。

第五招，光线艺术。光线运用得当，可以使照片层次分明、主题突出，增加图像的艺术效果。

手机录制微课程具有技术难度低、操作方便快捷、画面真实亲切、易于分享等特点。我们需要手机、支架、直尺、笔、耳机麦克风和一个相对安静的环境。第一步，固定支架，将手机安放在支架上，调整位置，使手机镜头对准桌面。第二步，根据镜头录制的范围，在桌面上画一个矩形定位框，可以防止录制的画面移出镜头。第三步，开始录制。录制时需要注意：①保持坐姿不变，头不能太低，以免遮挡镜头；②书写时不能超出定位框，以免画面移出镜头；③去掉手上的装饰物，以减少无关信息的干扰。见图3-2-2。

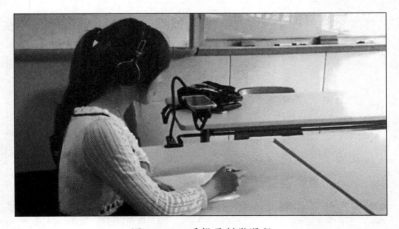

图3-2-2 手机录制微课程

除了手机，一个相机也能带给你意想不到的惊喜，例如，拍摄植物发芽。虽然拍摄过程并非一朝一夕，但也无须时刻紧盯。只要将相机镜头固定，根据植物发芽时间，决定拍照的时间间隔和拍照的数量，然后把照片依次组合，就成了植物发芽的快镜头。见图3-2-3。

图 3-2-3　植物发芽的快镜头

二、豪华模式

如果不满足于手机、相机，那就随身带上 DV，只有看不到的，没有拍不了的。微视频的拍摄从"草根"兴起，出现的问题很多，例如，画面抖动、彩色失真、曝光过度等，下面交流一下 DV 拍摄的心得。

1. 画面稳定是 DV 拍摄的核心

很多人并不知道怎样正确地拿 DV。如果你看到的屏幕始终在不停地晃动，让人觉得头晕目眩，最好的解决方法是使用三脚架。需要注意的是，绝对不要边走动边拍摄。

2. 开拍之前先调整白平衡

白平衡调整是摄像过程中最常见、最重要的步骤。正式开拍之前，要调整白平衡，照明的色温条件改变时，也需要重新调整白平衡。如果摄像机的白平衡状态不正确，就会发生彩色失真。

3. 变焦时机要适当，过程要细腻

拍摄时不要随意拨动变焦杆使画面来回移动，影响效果。简单来说，镜

头拉远是为了表现物体的全貌或者这个故事的场景，而拉近就是为了强调我们要拍摄的景色或者人物。变焦快慢与对变焦杆的施力大小有关。很多新用户在初期使用时，极易犯用力过猛的毛病，导致画面缺乏过渡，对焦不清楚，有的甚至脱离了被摄物体。

4. 曝光过度或曝光不足怎么办

第一个经常发生的曝光问题是画面中有强光源或明暗对比太强烈，会出现明亮部分的曝光量合适，而另一部分却曝光不足的现象。遇到这种情况最好适当调整一下构图，减少过亮处在画面中所占的比例；或改用手动光圈方式，按照所要表现的人物或景物来调整光圈，校正曝光量。

第二个经常发生的曝光问题是光线不足。被摄物体没有足够的光照度，影像发暗，要调整光圈。当光圈开到最大，摄像机还显得光线不足时，就需要增加灯光照明或者使用摄录灯。

一个镜头太单调，针对技能训练型的知识，经常需要多角度呈现画面，这就需要考虑多机位拍摄。按照传统的手法，不仅需要专业的设备、专业的技能，而且需要多人协作完成，占用资源大、成本高。见图 3-2-4。

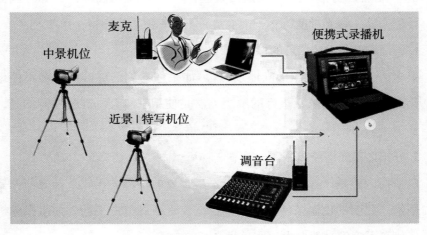

图 3-2-4　以便携式录播机为中心的录播系统

于是，一种新的设备——便携式录播机应运而生。它可以把现场摄录的授课影像、声音及电脑图像信号（如演示文稿）进行整合，同步录制，生成标准化的流媒体文件。有了它就一劳永逸、事半功倍了。随着硬件技术的革新，便携式录播机逐步向轻巧、灵活、移动化演变。图3-2-5就是便携式录播机的操作界面，是不是直观、简洁、明了？

图 3-2-5　便携式录播机操作界面

第三节　基于录屏的微视频制作

想必你也有过这样的窘境：一个学生满脸疑惑地问了你一个挺费时间的问题，你花了很长时间一对一教学；话音刚落又有学生咨询同样的问题，无奈扛着"为人师表、诲人不倦"的大旗，只能一次又一次地耐心讲解。学生络绎不绝终将攻破你的耐心堡垒，此时你肯定会想：有没有一个录屏神器？

录屏软件也是五花八门：Web Ex Recorder、Screen 2 swf、Camtasia Studio、BB Fashback、Bandicam、Screen Studio、Puppet pals（角色扮演）、Story Maker（情景故事）、Vittle（步步惊情）屏幕录像精灵、超级录屏等。琳琅满目的软件令人难以抉择。选择时不妨考虑以下因素：占用资源、兼容性、操作界面、录制信息源、录制品质、编辑功能、输出格式、体积大小等。见图 3-3-1。

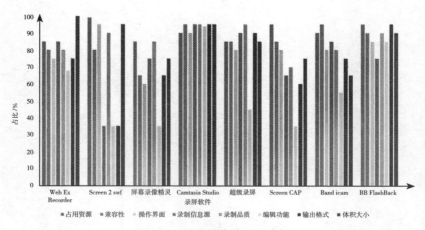

图 3-3-1　录屏软件测评数据

经过种种考量，这里重点介绍几款录屏软件。

一、Camtasia Studio

Camtasia Studio 的优点体现在以下四个方面。

一是自由设定采集源。Camtasia Studio 可以全屏录制或自定义屏幕区域，自由选择录制的屏幕范围，收放自如。不但如此，Camtasia Studio 还支持声音和摄像同步的画中画效果；可以自行选择音频来源，既可以录制麦克风的声音，也可以录制系统声音。如果要点评课例，可使用内外同时录制。

二是录制作品流畅清晰。Camtasia Studio 可不是徒有"录屏大师"的虚名，它录制视频流畅、清晰、品质高，而且体积小，能带给人赏心悦目的视觉体验。

三是强大的变焦功能。录制时如果想重点突出某一部分，例如，重要的操作或数据，而在全屏状态下文字太小怎么办？通过 Camtasia Studio 的变焦功能就可以自由锁定想要聚焦的区域，你还担心学习者看不清、记不住吗？

四是支持多种输出格式，包括 MP4、WMV、AVI、RM、MP3、GIF 等，并能灵活自定义输出配置。其中 MP4 格式是为 Flash 和 HTML 5 播放优化过的。配合外延产品如手写板，讲解绘画、讲解数学时，就可以边画边录。

二、Puppet Pals

世界就是舞台，你可以将自己的故事活灵活现地展现出来。

第一步，为你的故事选择一个场景。见图 3-3-2。

图 3-3-2　场景选择

第二步，为你的世界添加演员，当然也可以轻点相机，将自己的照片添加进来。见图3-3-3、图3-3-4。

图3-3-3　添加演员

图3-3-4　可添加自己的照片

第三步，拖动四肢可以给演员摆姿势。拖动头部或身体，可以让演员走路。见图3-3-5。

图 3-3-5　操控演员

第四步，许多动物和交通工具可以作为座驾。将演员拖到座驾上，可以乘骑；双击，可以让演员下来。见图 3-3-6。

图 3-3-6　演员骑马

第五步，单击右上角的"录制"按钮，开始录制你的故事。见图 3-3-7。

图 3-3-7　录制故事

三、Story Maker

Story Maker 提供了海量的素材，包括人物、场所、服饰、食物等，便于你快速搭建各个故事情景。见图 3-3-8。

图 3-3-8　Story Maker

四、Vittle

Vittle 可以完整地记录屏幕书写过程，教师再也不用为在 PowerPoint 中输入数学公式而苦恼，再也不用担心主讲教师干扰视频画面，再也不用郁闷学生跟不上演示进度。不仅计算机可以录屏，iPad 也可以。见图 3-3-9、图 3-3-10。

图 3-3-9　Vittle

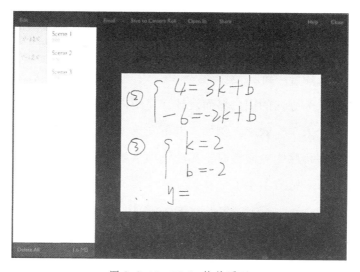

图 3-3-10　Vittle 软件页面

第四节　基于 PPT 的微视频制作

PowerPoint 以惊人的速度走红了大江南北，已然成为人人必备的神器。无论是职场中做产品展示，还是课堂上做课件演示，个性化的模板、和谐的色彩、简洁的文字、清晰的逻辑、精美的设计，PPT 使我们的展示过程变得完美。

都说十年磨一剑，从 PowerPoint 2003 到 PowerPoint 2013，增加的可不仅仅是 10 年的时间。

一、以工作成果为导向的用户界面结构

PowerPoint 2003 的菜单操作方式过繁，让用户纠结于寻找命令所在的位置。PowerPoint 2013 不论是版面风格还是使用习惯，都有了很大改观，漂亮、大气的风格让人耳目一新。

以工作成果为导向的用户界面设计，让用户在最短时间里找到想要的工具，从而提升个人工作效率。例如，上下文选项卡，将选项卡与对象进行绑定，当此对象在程序中被激活时，相应选项卡就会自动出现在功能区，再也不用死记硬背了。见图 3-4-1。

图 3-4-1　上下文选项卡

二、利用主题简化设计过程

主题是颜色、字体和效果三者的组合，设计 PPT 不必样样亲力亲为，使用主题可以简化具有专业设计师水准的演示文稿的创建过程，一键挑选主题，快速进行设计与布局，再也不用担心标准模板千人一面的困扰了。见图 3-4-2。

图 3-4-2　挑选主题

三、美化之道，全新的配色方案

配色是设计的核心，是美化的关键。PowerPoint 2013 内置了几十种经典配色效果，给人以不同的感觉，分别适用于不同的环境。一般的 PPT 制作者直接应用这些成套的配色效果即可，保证材料具有一致而专业的外观。

四、增强的艺术字效果

艺术字对文字做了特殊处理，使它更加具有艺术魅力。传统艺术字用户可能已经玩腻了，吸引不了观众的眼球；新版增强的阴影、映像、发光、三维旋转能帮用户重拾对艺术字的信心。艺术字的革新让我们成为视觉的设计师和享受者。

五、突出的图像处理效果

这是一个有图才有真相的时代，但图片处理的确令很多人感到头疼，常见的图片处理不外乎删除图片背景、更改图片亮度和对比度、更改图片颜色、设置图片艺术效果等。即使你不会用 Photoshop 也没关系，PowerPoint 2013 中增强的图片处理功能使你不需要掌握专业图片处理知识，不借助 Photoshop 等专业图像处理软件，也能玩转图片。

例如，想让一幅图片由灰色逐渐过渡为彩色，构思并不复杂。将图片复制粘贴一张，把两张照片对齐，选中顶层这张彩色照片，选择格式→调整→单击颜色按钮→图片颜色选项，选择饱和度为 0，将它变成黑白照片。最后将这张黑白照片添加"淡出动画"就可以了。见图 3-4-3。

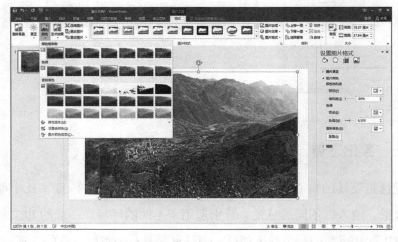

图 3-4-3　图片由灰色逐渐过渡为彩色

再如，直接在幻灯片中插入一张带有不恰当背景的图片，总感觉非常不协调。删除图片背景是使图片与主题或背景完全融合的一种不错的办法，如何快速删除复杂的背景呢？

选中插入的图片，在"格式"选项卡的"调整"组中，单击"删除背景"按钮，此时 PowerPoint 2013 会自动用粉红色标记出背景区域。在"关闭"组中单击"保留更改"命令，就会自动删除背景。见图 3-4-4。

（a）

（b）

（c）

图 3-4-4　修改背景

如果计算机自动识别错误，该删除的地方没有删除，不该删除的地方却被删除了，那么就需要单击"优化"组中的"－标记要删除的区域"，并单点击图片上未被自动删除的地方，单击"＋标记要保留的区域"，并单击图片上被误删除的地方，同时参考左侧的效果预览，满意后单击"保留更改"，背景就被准确地删除了。删除背景后，图片中的人物就能与 PPT 背景融合为一幅协调而完整的画面了。

六、扩展的图形处理能力

PowerPoint 2013 的一个突出亮点就是增加了 SmartArt 图形工具，它使用户制作出精美的文档，使图表对象变得简单易行，从而代替枯燥的文字描述，将视觉效果添加到文档中。SmartArt 图形常用于在文档中演示流程、层次、结构、循环或关系等。见图 3-4-5、图 3-4-6。

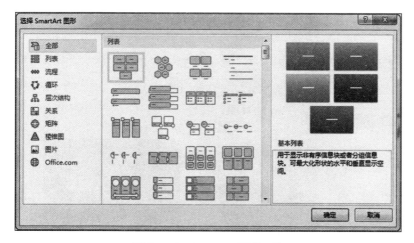

图 3-4-5　SmartArt 图形工具

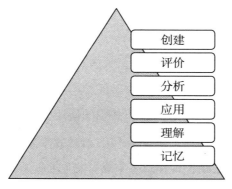

图 3-4-6　巧用 SmartArt 厘清关系

七、新增的DIY绘制

PowerPoint 2013 的"合并形状"功能让我们自绘特殊图形成为可能。选择页面上两个或更多个常见形状，单击"合并形状"中的联合、组合、拆分、相交、剪除等选项，就可以创建出多种新形状。

八、取色器

取色器是一个非常实用的小功能，这个很小的工具却有着四两拨千斤的功用，无须在调色板里面重新配色，大大节省了时间。见图 3-4-7。

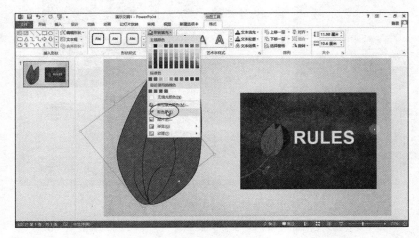

图 3-4-7　巧用取色器

九、动画效果也可以刷出来

PowerPoint 2013 不仅提供了更为丰富、华丽的转场特效和动画效果，而且新增了名为"动画刷"的工具。动画刷的使用方法与格式刷功能类似，主要用于动画格式的复制应用，避免一样的动画效果要无数次添加。以往看到优秀的动画只能一饱眼福，现在留下它做样板吧！见图 3-4-8。

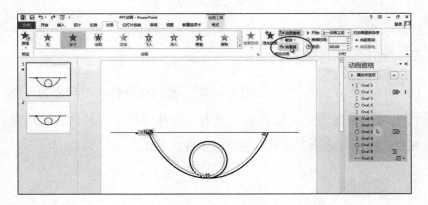

图 3-4-8　动画刷

十、丰富的媒体支持

PowerPoint 2013 支持更多的多媒体格式和高清晰度内容。PowerPoint 2013 的音频、视频播放功能直接植入 PPT 内部，需要控制插入的视频文件播放时，再也不用退出幻灯片全屏来选择其他播放器播放了。此外，PowerPoint 2013 可以将 PPT 演示文稿直接转换成 WMV 格式的视频文件。见图 3-4-9。

图 3-4-9　在 PPT 中播放视频

十一、全新的文件格式

你有没有产生过这样的疑问：为什么 PowerPoint 2013 保存文件时默认文件扩展名为 PPTx？这一全新的文件格式是基于 XML 的，符合业界标准，具有更好的业务数据集成性和互操作性。而且新格式成功瘦身，文件体积小，某些情况下最多可缩小 75%，这可能是 PowerPoint 2013 带给我们最大的实惠了。见图 3-4-10。

图 3-4-10　XML 文件格式

十二、演讲者视图

全屏放映后，点击省略号"……"，就可发现"演讲者视图"，在演讲者显示器上显示当前页面、演讲时间、下一页幻灯片以及备注，而观众观看的显示器上却只显示当前页面，再也不怕记不住稿子了！

第五节 基于动画的微视频制作

动画凭借其短小精悍的体型、幽默辛辣的解说以及天马行空的画面受到各界人士的青睐。科普短片、公益宣传、商业广告，动画都占据了不可小觑的地位。

一、动画的优点

1. 动画能化腐朽为神奇

英语单词、文言古文、历史事件，曾经学生一看生厌，而通过动画演绎，枯燥乏味、晦涩难懂的内容变得形象、生动，学生乐在其中，学而不厌。

2. 动画能拓展学生思维空间

微观粒子、地质运动、物种进化，不是肉眼看不到的，就是无法重现的。但是动画模拟物理运动、化学反应，能够最大限度地重现真实，帮学生拓展思维空间。见图 3-5-1。

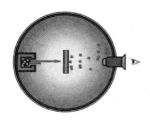 

卢瑟福的 α 粒子散射实验过程　　压缩空气做功机械能转化为内能

图 3-5-1　用动画帮助学生拓展思维空间

3. 动画能激发学生情感共鸣

情感、态度和价值观看不见，摸不着，只是简单地说教难以让学生心悦诚服。但是，动画感人肺腑的故事情节、可爱生动的人物角色，能让学生在潜移默化中接受正能量。

二、动画小技巧

动画的确可爱，但是教师如何制作动画呢？其实不懂 Flash、3ds Max，仅靠"山寨"也可以做出简单、接地气的动画，一点小技巧足够让你玩转微课堂。

1. 简笔动画

制作简笔动画只需三道工序：第一步，如实拍摄在纸上书写或绘制的过程；第二步，视频加速，可尝试一下用三倍速播放；第三步，将加速后的视频重新配上正常语速的讲解。如此简约利落的动画效果，就等着学生狂赞吧！注意：讲解声音不能提前配，否则一加速就变成刺耳的变调噪声了。见图 3-5-2。

图 3-5-2　拍摄纸上绘制过程

2.PPT 动画

80% 的人往往只是用了 PPT 这项技术 20% 的功能。目前世界上每天至少有 3 亿人在使用 PPT，而他们只使用了 PPT 的新建文件、文字录入、插入图片、文档保存、播放演示等几种初步功能，却忽视了它动画界"元老"的身份。诸如各式各样的进入、强调、退出效果无须细说，设置动画路径制作物理运动类实验动画，那可是恰到好处。物理学科不需要制作人物、动物等复杂的动画主体，物理的绝大部分动画主体用几何图形就可以很容易地绘制出来。见图 3-5-3。

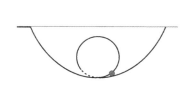

用动作路径制作物理运动类实验动画　　　　用旋转动作制作齿轮传动动画

图 3-5-3　PPT 动画展示

3. 网络资源

现如今资源共享平台层出不穷，各种搜索工具的资源库收集了大量物理动画素材，不就是等着我们来取用吗？

第六节 二次加工与微课合成

经过设计与开发，微视频已具备雏形，接下来就是二次加工环节。

一、微视频化妆

微视频化妆即音视频的编辑，如加特效、添转场、补镜头等。常见的音视频编辑工具有会声会影、剪映、Premiere、Vegas、Ae、Movie Maker、Cool Edit、Sound Forge 等。对比兼容性、占用资源、支持格式、体积大小、输出品质等多项指标，优选轻量级软件 Camtasia Studio，它兼具录屏和编辑双重功能。其编辑功能完善，例如，剪辑、聚焦、转场特效、画中画、录制旁白、添加马赛克、标注、测试等，麻雀虽小，五脏俱全。

如果想要更专业一点，就首推视频编辑软件 Vegas 和音频编辑软件 Sound Forge，它们对素材格式兼容性强，剪辑精准，无限音视频轨道，编辑效果实时显示，支持多种格式输出，渲染时间较短。见图 3-6-1。

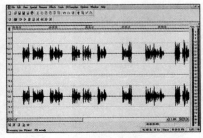

图 3-6-1　视频编辑软件 Vegas 和音频编辑软件 Sound Forge

二、微视频换装

微视频换装即视频格式转换，常见的格式转换软件有格式工厂、艾奇视频转换器、超级转换秀、MediaCoder、暴风转码、狸窝全能视频转换器等。其中，格式工厂对于多数人来说耳熟能详，其"万能多媒体格式转换器"的称号深入人心。除了格式兼容性强，如果要考虑品质高、体积小等因素，推荐格式转换软件 MediaCoder，此软件的优势有：①实现各种音视频格式相互转换；②可调转码参数极为丰富；③转码品质高，生成文件体积小；④支持批量转换。其唯一的不足就是转码速度较慢。见图 3-6-2。

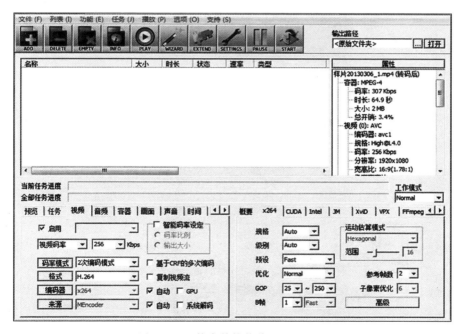

图 3-6-2　格式转换软件 MediaCoder

三、添加字幕

传统字幕添加让人费力伤神，添加字幕有没有诀窍？其实只需三步。

第一步，利用 IBM ViaVoice、科大讯飞等软件进行语音识别，将语音转换成文字初稿再进行校对。

第二步，利用 Subtitle Edit 3.3 Beta 2 制作 .srt 字幕文件。见图 3-6-3。

第三步，使用 MediaCoder 进行视频和字幕合成。见图 3-6-4。

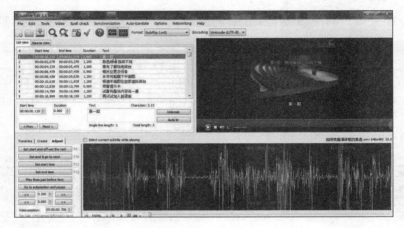

图 3-6-3 制作字幕

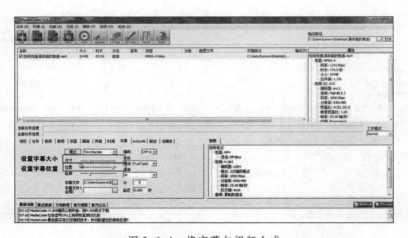

图 3-6-4 将字幕与视频合成

四、微课程设计与合成

微视频是微课程的主体，除此之外，微课程还包括学习目标、学习活动等，接下来就进入最后一个环节——微课程设计与合成。

微课程设计与合成软件也是琳琅满目，功能各有千秋。在此选用
Articulate Studio 这款软件来做示例，它是目前国际上用户广泛的快速课件制
作工具之一，主要包括三个核心工具：Presenter、Quizmaker、Engage。

Articulate Presenter 作为 PowerPoint 2013 的一个功能插件，可以在 PPT 中
轻松添加各种媒体内容，发布的课件可以保留原 PPT 的各种动画效果。见
图 3-6-5。

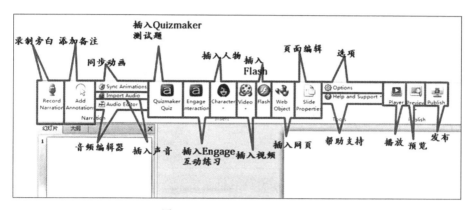

图 3-6-5 Articulate Presenter

Articulate Quizmaker 可以快速创建测试题，支持各种在线测试题型，可
以自由布局每道题的界面，插入各种多媒体文件，支持多个题库随机抽题
等。见图 3-6-6。

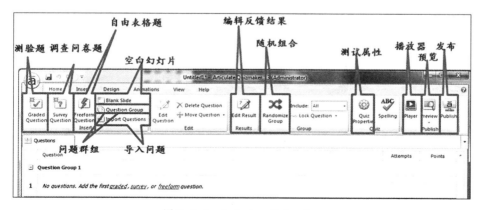

图 3-6-6 Articulate Quizmaker

Articulate Engage 可以基于表单制作互动效果，其有超过 30 种互动模型，例如，阶梯、金字塔、流程图、时间线、电子书等。见图 3-6-7。

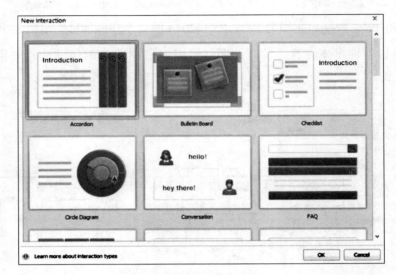

图 3-6-7　Articulate Engage

利用 Articulate Studio 进行微课程设计与合成，只需要简单的三步。

第一步，导入微视频。通过 Presenter 将准备好的微视频添加到 Articulate 中。见图 3-6-8。

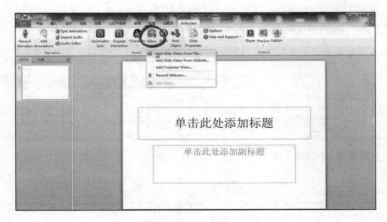

图 3-6-8　导入微视频

第二步，添加交互活动。在 Presenter 中单击"Quizmaker"按钮添加测试，此时会启动 Quizmaker，在测验题模板中选择我们所需的交互类型，然后在模板表单中输入相应内容即可。见图 3-6-9、图 3-6-10。

图 3-6-9　启动 Quizmaker

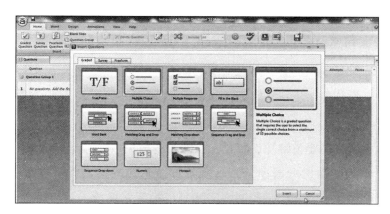

图 3-6-10　选择所需的交互类型

第三步，单击 Publish，发布微课程。见图 3-6-11。

图 3-6-11　发布微课程

第七节　结合实际选择媒体组合

　　针对不同的知识类型，所采用的媒体设计手法也有差异。如何结合实际选择最优的媒体组合呢？这是有规律可循的。①易获取性原则。需要用到的软、硬件设备必须容易获取，更新替换也很容易。②代价最小原则。力求以最小的代价得到最大的收获，不盲目追求最先进的技术。③对象适应原则。不同年龄阶段的学生有着明显不同的认知结构，选择的媒体必须与教学对象的年龄特征相适应。④发挥优势原则。选择自己最擅长、最乐于使用的媒体。⑤有效整合原则。各种媒体各有特色，也有各自的局限性，媒体的有效组合将会取长补短，达到整体优化的效果。

　　组合不等于形式的叠加，要以教学效果最佳为出发点。媒体组合不仅要清楚选取原则，还要了解知识特点，才能有的放矢。

　　例如，推理演算型微课，其强调推理逻辑与演算过程，如果运用常规PPT并不利于学生对知识的吸收，改用录屏的方法能更好地呈现推理演算的过程。再如，技能训练型微课和实验操作型微课，则更加强调如实记录，拍摄就成为首选。

　　根据经验，惯用的媒体方案设计有如下建议。

　　一是理论授导型微课一般采用 PowerPoint 和录屏相结合。

　　二是推理演算型微课可采用拍摄的方法。如果担心主讲教师对画面造成干扰，可采用 Pad 录屏。

　　三是技能训练型和实验操作型微课多采用拍摄的方法。

四是情感感悟型微课利用动画讲故事是首选。

揭开了微课程的神秘面纱，制作过程就清晰了：首先，通过拍摄、PowerPoint、录屏获取原创视频；其次，就是二次加工环节，也就是进行音视频编辑；最后，将学习目标、微视频、学习活动等合成发布微课程。见图3-7-1。

图 3-7-1 微视频到微课程的过程

第四章

新式信息技术的介绍与应用

第一节 音视频编辑进阶
Sound Forge+Vegas

一、音频编辑软件Sound Forge简介

Sound Forge 是一款 3D 风格数字化音频处理软件。如果说在影视行业要想制作比较好的音频效果基本离不开 Sound Forge。Sound Forge 是我们最普遍用到的一款数字化音频处理软件，它对电脑的配置要求非常低，主要基于的环境是 Windows Vista、Windows 2000，软件支持很多的音视频文件格式，如WAV、WMA、RM、MOV、AVI、MP3、MP4 等，包括音频处理或效果制作等功能，可以完成音频的编辑、录制、效果处理、格式转换等任务。这款软件深受工程师喜欢，是多媒体开发人员首选的音频处理软件之一。

打开 Sound Forge，软件的界面非常简单，常用的几个区域有：顶上是菜单栏区，稍下是工具栏区和当前音乐的播放按钮区域；中间是主要的工作区域，音频处理主要在这里完成；上面一半属于左声道，下面一半属于右声道，最右边属于音量监视区域。

上面的标尺部分可以显示当前音乐的时间，右下角的数字显示了当前音乐的总长度。对音频的处理基本就是对声音的剪切、复制、拷贝，以及对声音振幅的放大、缩小、淡入、淡出处理，左右平衡的调整。如果是自己录制的声音，可能还要对声音进行混响、回声、延迟、降噪、动态失真校正等处理。见图 4-1-1。

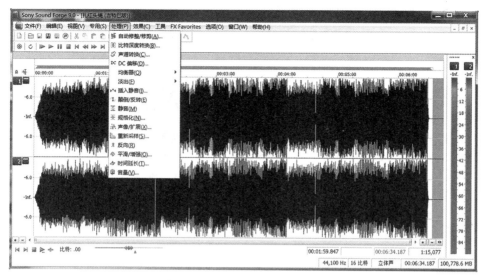

图 4-1-1　Sound Forge 工作界面

二、视频编辑软件Vegas简介

1. 认识 Vegas 的界面

Sony Vegas 是一款专业影像非线性编辑软件，它有强大的编辑功能。

剪辑：能把一段视频中多余的地方或者不想要的地方剪切掉。

合成：能把多段视频素材结合在一起。

特效：能添加一些简单的特效，例如，使画面模糊、调节视频亮度或对比度等。

Vegas 实时编辑比较快。像 Premiere 这样的大型软件对硬件要求比较高，而 Vegas 是一个小软件，在普通计算机上就能够实现实时预览和编辑功能。

打开 Vegas 这个软件，它也有自己的菜单栏、工具栏以及各个窗口。见图 4-1-2。

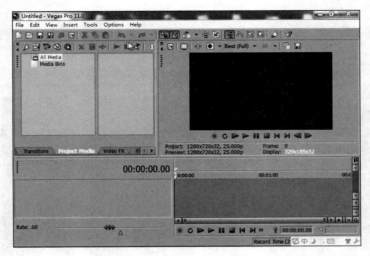

图 4-1-2　Vegas 的界面

　　菜单栏的第一项是文件菜单（File），像其他软件一样，有新建项目（New）、打开原有项目（Open）、关闭（Close）、保存（Save）、导入素材（Import）、退出 Vegas（Exit）等。编辑菜单（Edit）有复制（Copy）、粘贴（Paste）、撤销（Undo），还有一个常用的音视频重组和解组（Group）。见图 4-1-3。

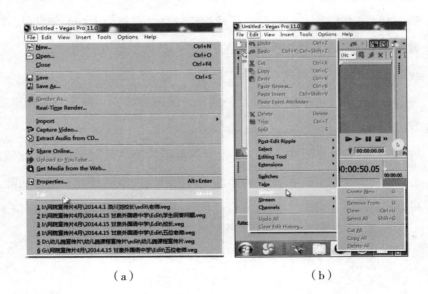

（a）　　　　　　　　　　　　（b）

图 4-1-3　Vegas 的菜单

视图菜单（View）控制下面各个窗口的打开和关闭，如 Transitions 就是转场特效窗口，如果把它前面的"√"取消，面板就消失不见了。如果下次不小心把它弄丢了，就可以通过 View 菜单找到它，点一下 Transitions 前面的"√"，就又显示了。后边的菜单栏不常用到，这里就不再赘述。

下面的工具栏有新建项目文件、打开原有文件、保存、另存为等常用工具按钮，后面的其他工具在学习过程中再详细阐述。见图 4-1-4。

图 4-1-4　Vegas 的工具栏

再下面是比较常用的几个窗口。

第一个是项目文件窗口，里边存放的都是用到的素材。Transitions 里面存放的是多段素材之间的转场效果；Video FX 里面可以选择视频特效，给视频增加一些效果；Media Generators 是媒体生成器，可以添加各种样式的字幕。右边就是视频预览窗口，与下面的时间线窗口相连。时间线窗口的素材都可以通过视频预览窗口查看。在视频预览窗口左侧狭窄的空间有一个常用的剪切器（Trimmer），它是用来调整画面大小的。在 View 菜单里面可以找到 Trimmer，如果"√"被取消，它就不显示了，点上它就出来了。

当鼠标放在两个窗口之间时，会出现一个指向左右的箭头，拖动它可以调整窗口大小。还可以通过"×"把它关掉，通过 View 菜单让它显示出来。单击"◀"可以让窗口充满全屏，也可以让窗口还原。下面有几个类似竖着的省略号的符号"⋮"，鼠标放在这儿拖动它，就可以把窗口单独拖出来。如果又想放在原来的位置，拖动它回到原来的位置就可以了。见图 4-1-5、图 4-1-6。

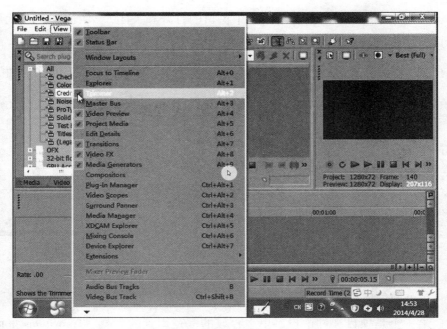

图 4-1-5　Vegas 的 View 菜单

图 4-1-6　拖动窗口

2. 新建项目文件

打开 Vegas 进行素材编辑之前，首先要建立一个项目文件 File → New，然后设定或者检查几个参数。

第一个就是视频尺寸大小，可以手动输入。常用视频尺寸有两类：一类是标清，常用尺寸为 720×576，宽高比为 4：3；另一类是高清，尺寸一般为 1280×720，宽高比为 16：9。

我们也可以通过 Template 的下拉菜单来选择设置视频尺寸大小，如设置为 720×576 时，由于我国采用 PAL 制（逐行倒相制），所以可选择 PAL Standard/IMX（720×576，25.000 fps）。如果想设置为高清，我们一般选择 HDV 720–25p（1280×720，25.000 fps）或者 HDV 1080–50i（1440×1080，25.000 fps）。见图 4–1–7。

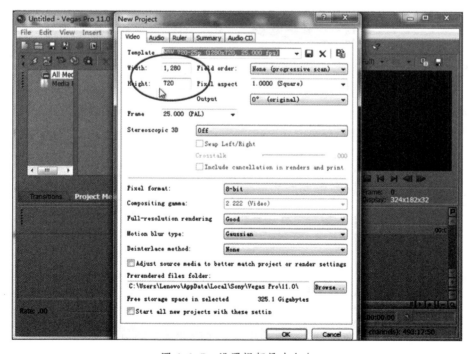

图 4–1–7　设置视频尺寸大小

设置了视频尺寸大小之后，第二个要设置像素宽高比（Pixel Aspect）。如果视频尺寸宽高比是 4 ：3，我们就选择 1.0926（PAL DV）；如果视频尺寸宽高比是 16 ：9，我们就选择方形像素 1.0000（Square）。

第三个就是需要检查一下帧率（Frame），统一设置为 25 帧 25.000(PAL)。

底下的 Deinterlace method 是反交错方式设置。如果遇到拍出的视频中人物运动时看起来有锯齿，我们就可以通过选择 Blend fields（两场混合）的方式来消除锯齿。

视频尺寸、像素比、帧率以及反交错方式都设置好了之后，单击 "OK"按钮就新建好了一个项目文件。见图 4-1-8。

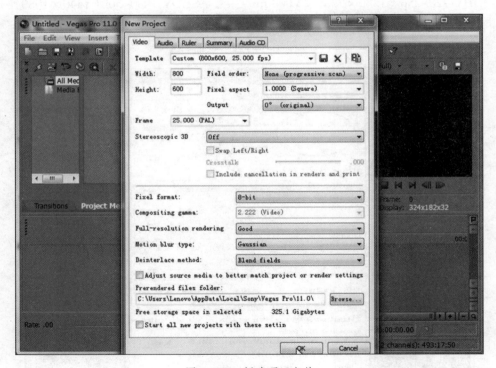

图 4-1-8　新建项目文件

3. 导入素材

首先，导入素材。导入素材的方式有两种。一种是通过 File 菜单导入：

File → Import → Media。我们在事先准备好的文件夹中选择一个视频素材文件即可。另一种是通过工具栏按钮"▣"打开，然后选择视频素材文件。

注意：通过 File 菜单导入的素材只是进入了项目媒体窗口，而没有插入时间线窗口；通过工具栏"▣"导入的素材不仅进入了项目媒体窗口，也直接进入了时间线窗口。项目文件中导入的素材，如果想把它放进时间线内，还需要把它拖动到时间线上的目标位置。

其次，我们要检查一下导入的每一段素材的像素宽高比是不是与项目文件建立的像素宽高比一致。在项目媒体"All Media"中选中素材，单击右键，选择属性 Properties，在 Stream 下拉菜单中选择 Video 1，查看底下的像素宽高比：Pixel aspect ratio 栏中显示的是否与项目文件建立的像素宽高比相符。如果是，直接单击"OK"就行了；如果不是，就要修改选择。见图 4-1-9、图 4-1-10。

图 4-1-9　导入素材的窗口

图 4-1-10 检查每一段素材的像素宽高比是否与项目文件建立的像素宽高比一致

最后，我们保存这个文件。选择 File → Save，选择一个位置，给文件命名 ***.veg，单击 "Save" 保存，素材导入工作就完成了。

第二节 微课视频高级制作
——Camtasia Studio

Camtasia Studio 7（以下简称 CS7）原本是一款计算机录屏软件，录制方法就是单击左上角的"录制屏幕"按钮。最新版 CS8 能在任何颜色模式下轻松记录屏幕动作，包括影像、音效、鼠标移动轨迹、解说声音等，并且 CS 软件输出的文件格式很多，包括 Flash（SWF / FLV）、AVI、WMV、M4V、MOV、RM、GIF 动画等多种常见格式。见图 4-2-1。

图 4-2-1 用 Camtasia Studio 录制屏幕

其实，除了录制屏幕以外，CS 还可以导入其他各种媒体，然后进行编辑、合成，CS 已经成为一款媒体整合器，这一点比较接近 PPT 的特点，所以它也就成了我们制作微课的一款利器。

一、导入媒体

在上排快捷工具"录制屏幕"按钮右边有一个"导入媒体"按钮，单击一下就会弹出储存相关媒体的文件夹目录。在 CS 中可以导入图片、视频、音乐、录屏文件（.camrec）等很多格式文件，导入的媒体文件被按类别存放在剪辑箱中，拖动剪辑箱右侧的滚动条可以查找已经导入的所有媒体文件。如果双击剪辑箱中的视频，可以在右边的预览窗口观看这个视频。

要将这些媒体素材整合成一段微课视频，还需要对它们进行剪切，再将它们按合理的顺序插到时间轴上。

方法也很简单，首先，把时间轴上的"时间游标"定位在希望插这个素材的位置，然后，在已经导入的素材上单击鼠标右键，选"添加到时间轴"，这个素材就被放到了时间轴上时间游标的右侧了。见图 4-2-2。

图 4-2-2　将导入的素材插到时间轴上指定的位置

再然后，按照我们期望的顺序，依次将已经导入的各种素材插到时间轴上。单击预览窗口的"播放"按钮，可以预览完整视频的播放效果。

素材只有被插到时间轴上，我们才能对它进行编辑。如果想把一段视频插到另一段视频的中间，必须先把后一段视频在指定位置分割开，才能将第一段视频拖动插到分割的位置。如果没有分割，第一段视频是插不进来的。

二、在CS8中导入媒体的操作

在 CS8 中导入媒体与在 CS7 中导入媒体大体差不多，但也有一些不同。同样是单击"导入媒体"按钮，然后找到要导入的媒体文件，单击"确定"按钮就可以成功把它导入了。

想把媒体放到时间轴上，同样要单击右键，选"添加到时间轴播放"，添加的位置就在时间游标位置的右侧。所以，添加之前最好先调节好时间游标，免得之后再来调节媒体在时间轴上的位置。见图 4-2-3。

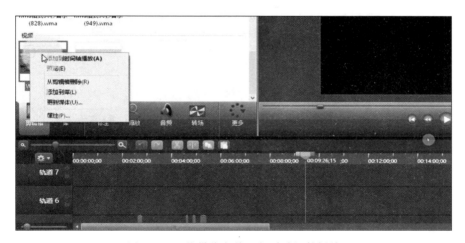

图 4-2-3　将媒体文件添加到时间轴播放

如果我们在 CS8 中再添加另外一个媒体文件，可能会发现新添加的媒体虽然也在时间游标的右侧，但并不在我们预想的轨道上。这个时候，为了编辑操作方便，建议把它拖到与前面相邻文件相同的轨道上。因为 CS8 支持多路视频同时播放，所以会出现上述麻烦。在 CS7 中视频是不能多路同时处理的，素材只能被前后安放在同一条轨道上，不存在其他轨道。

在 CS8 中，如果我们想将某个媒体素材从中间分割开，一定要先把时间游标调整到要分割的位置，并点选被分割的素材，才能按下"分割"按钮"▮"完成分割。如果我们把时间游标调节到时间轴上放有多个媒体素材的位置，却没有点选某个欲分割的素材，"分割"按钮就会呈现灰色，处于失效状态，因为 CS8 不知道你想分割哪个素材。

媒体素材被分割后，如果直接拖动另一个媒体到分割点，就会发现它是插不进去的。这个时候，需要先把分割点右侧的部分素材往右拖，并且预留足够大的空间，才能把另外一段素材拖动到被分割成两段的素材中间，最后我们把右侧素材往左拖，让接口合拢，才完成了在 CS8 中素材的插入。见图4-2-4。

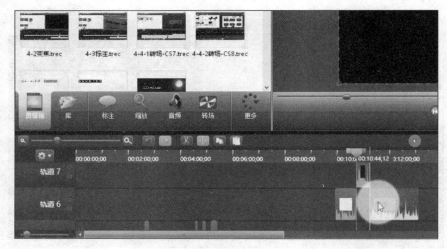

图 4-2-4　将一段素材插到另一段素材的中间

三、导入不支持的视频格式

在 CS 中导入媒体的时候，有可能某些媒体的格式 CS 不认识，不识别，尤其是当我们导入视频文件的时候，这种情况更为多见。

比如，网络上比较流行的 FLV 视频，还有有些手机拍出来的视频，有可能 CS 不支持。遇到这种情况，就需要先对视频格式进行转换，狸窝全能视频转换器就是一款很好用的音视频格式转换软件。见图 4-2-5。

图 4-2-5　狸窝全能视频转换器主界面

单击左上角的"添加视频"，从电脑中选择原始视频文件导入。然后点开底下"预置方案"右边的下拉箭头，选择输出的视频文件格式，如选第一项 MP4-MPEG-4 Video（为网络广播、视频通信定制的压缩标准，很小的体积却有很好的画质）。见图 4-2-6。

如果视频比较长，作者特别推荐使用格式 AVI-Audio-Video（将影音与语言同步组合在一起的格式），可以确保声画同步。

图 4-2-6　输出的音视频格式设置

我们还可以点开高级设置""，具体调整输出的音视频参数。例如，视频尺寸一般选原始尺寸（original），也可以更改成 720×576 或 1280×720 等标准尺寸。甚至可以先任意选一个标准尺寸，然后手动修改成任意大小的视频尺寸，这可谓本软件的一个最大优势。见图 4-2-7。

图 4-2-7　调整输出的音视频参数

　　如果想对导入的视频素材进行预编辑，我们可以在主界面上选中该文件，然后点开顶上的"视频编辑"，就可以对该视频进行精确的截取，裁剪黑边，调整亮度、对比度、色饱和度、音量等精细操作。见图4-2-8。

图 4-2-8　对导入的视频素材进行预编辑

　　我们还可以在主界面上直接设置输出的视频质量、音频质量、输出目录的位置（如计算机桌面 Desktop）。

　　如果已导入多个视频，我们想把它们合并成一个大的、新格式的视频文件，可以通过"↑↓✗"调整每个视频的先后顺序，或者用"↑↓✗"删除某个已导入的视频，然后勾选"合并成一个文件"，最后单击右下角的"输出"按钮"●"，开始视频格式转换，在指定目录中生成一个新的视频文件。见图4-2-9。

图 4-2-9　将多个视频文件合成一个

四、画面变焦

在 CS 中可以通过变焦实现强调重点、创造动感的目的。见图 4-2-10。

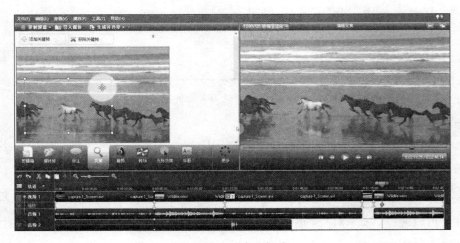

图 4-2-10　变焦操作

变焦操作第一步，确定变焦结束的时间点。通过对画面预览，在时间轴上把时间游标调整到计划变焦过程结束的位置，然后单击左侧的"变焦"标签。

变焦操作第二步，调整变焦后的视野区域。调节左侧画面周围方框上的8 个白点即可调整变焦后缩小了的视野范围的大小和位置，让观众聚焦到我们想要强调的目标区域。

变焦操作第三步，调整变焦过程的时长。完成了前两步后，我们才算实质性地设置了变焦操作。此时，时间轴上时间游标的正下方会出现一个蓝色菱形标记，代表变焦过程结束的位置，并且在菱形标记的左侧还有一个蓝色三角形区域，代表变焦过程的时长。我们先单击一下这个菱形标记，对这个变焦动作进行参数设置。往下拖动左边画面右侧的滚动条，可以看到有"比例""时间段"两个调节项，拖动时间段的调节键，就可以调整变焦过程的时长了。见图 4-2-11。

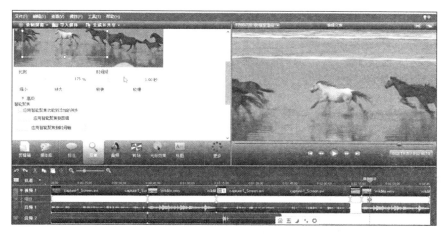

图 4-2-11　在 CS7 中调整变焦过程的时长

调整变焦过程时长后，变焦过程结束的时刻是不会改变的，只会改变变焦过程开始点的时刻。变焦过程越长，开始得就越早。CS7 中最长的变焦时长只有 5 秒，而 CS8 中没有限制。因此，在 CS8 中菱形位置与该段素材的起点或前一个变焦操作之间的时长就是本次变焦过程的最大时长，如果拖动"时间段"调节键已经达到这个最大时长，再想增大根本就调不了。

实际上，时间轴上菱形标记本身的位置也是可以左右拖动的，从而修改变焦过程结束的时刻，但拖动过程不会改变变焦过程的时长。

变焦操作第四步，恢复原始画面。前面我们通过变焦操作已经缩小了画面的视野范围，放大了局部画面，但是不可能让观众一直看这个放大的局部画面，要及时恢复原始画面。

变焦操作第五步，将时间游标调到菱形标记的右边一点，将左边画面中的方框拖动到覆盖全部范围，右边的预览窗口中就恢复了全景，这时时间线上会自动生成一个新的菱形标记，因为我们又增加了一个画面缩小的变焦过程。

变焦控制不仅针对普通的视频素材，对于录屏文件、图片素材也是可以的。

五、在CS8中变焦

在 CS8 中变焦与在 CS7 中基本相同，也由以下步骤完成：把素材导入剪辑箱→在剪辑箱中的素材上单击右键把它添加到时间轴上播放→调节时间游标到变焦结束的时刻→点开缩放标签（CS7 中叫变焦）→拖动调节左边窗口中方框的大小和位置→时间线上自动出现一个向右的绿色箭头（CS7 中是一个蓝色的菱形）→在时间轨道上直接拖动这个箭头的头或尾调整变焦时长（CS7 中要先点菱形，然后在左边窗口找到时间段底下的调节键，再用鼠标拖动调整）。见图 4-2-12、图 4-2-13。

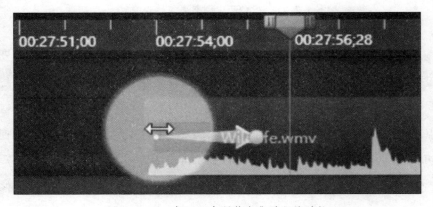

图 4-2-12　在 CS8 中调整变焦过程的时长

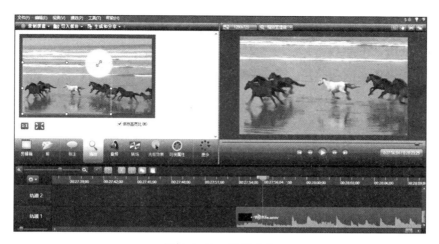

图 4-2-13 进行变焦

六、图片变焦

在 CS7 中对原本是静态的图片素材也可以进行变焦，而且效果极好。图片变焦的实现原理与操作方法都与视频变焦基本相同。

第一步，导入图片，添加到时间轴，调整显示时长。先导入几张图片到剪辑箱中，然后把这些图片一次性都添加到时间轴上，图片默认的显示时长是 5 秒。

如果想改变最右边一张图片的显示时长，只要在时间线上拉着图片的右边缘水平拖动就可以了。见图 4-2-14。

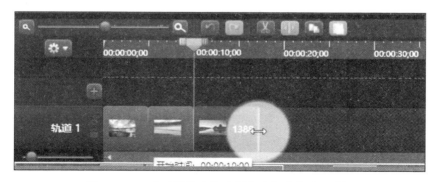

图 4-2-14 在时间线上拖动图片边缘改变显示时间

如果要改变夹在中间的那张图片的显示时长，在 CS7 中只要在时间线上拖动中间图片的右边缘就可以。但是在 CS8 中，这样做是不允许的，正确的方法是，先选中这张图片，然后在拖动右边缘之前按住键盘上的"Shift"键，再进行拖动。在拖动过程中，后面所有的媒体都会跟着移动。

第二步，给图片设置变焦效果。其方法也与视频变焦完全相同，先调节时间游标找到变焦结束的时间点，然后单击缩放，在左边窗口调整方框的大小和位置，在时间线上拖动变焦箭头的头尾调整变焦时长。

有一点需要说明，对图片变焦一般不是为了强调重点，只是为了创造出放大、缩小、平移、升降等动感效果，所以变焦的范围不宜太大，方框框住的范围调整到比初始图片略小一点就可以了。

图片变焦相比于视频变焦有一个重要的不同点：不但可以通过缩小视野范围来放大要突出的重点对象，还可以反向操作，让画面的视野范围扩大，从而渲染出由局部到整体的效果。具体操作过程是：先把时间游标放在该图片的最左端，在左边窗口中把方框范围调小一点点，框住一个较小的区域；然后把时间游标拖到右边，设定一个时间截止点，再次调整左边窗口中的方框，把它放大或移动到另一边；最后，拖动时间线上变焦箭头的头尾，把变焦时间拉到最长。见图 4-2-15。

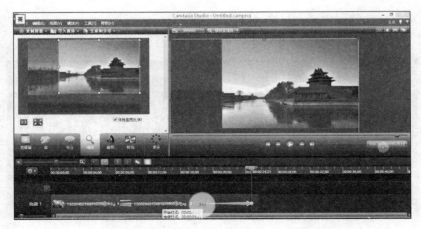

图 4-2-15　使画面逐渐拉远的变焦设置

由于这个操作使最终显示的画面大小变化与前面正好相反，所以我们预览看到的效果是：图片被逐渐拉远，最终显示出场景的全貌；或者是视野移动，从左边扫视到右边。对静态图片进行变焦处理后，原本静态的画面将会呈现出丰富优美的动感，达到很好的效果。

七、标注操作

在 CS 中除了可以用变焦来突出显示，还可以用一些"标注"来进行强调，"标注"按钮位于中排大按钮第三个位置。见图 4-2-16。

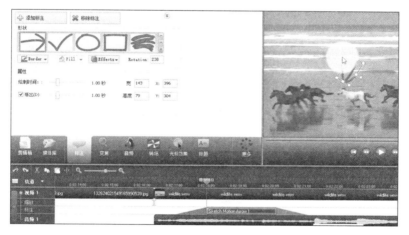

图 4-2-16　"标注"按钮位于中排大按钮第三个位置

1. 手绘箭头标注

单击"标注"工作框中"形状"右侧的下箭头，CS7 会显示 38 种标注效果，CS8 中会有更多。例如，我们可以点选其中的 Sketch Motion Arrow（手绘箭头），在右边的预览画面上就会出现一个手绘箭头。为了强调特定对象，我们可以拖动这个箭头的位置，调整它的角度，改变它的大小，让它指向目标。

同时，在时间线上会出现一条标注轨道，轨道上多了一个像动车一样的标注控制按钮，拖动它的边缘可以调整它出现和消失的时刻，改变这个标注出现的时间长短。我们也可以直接拖动"动车"来调整它在时间线上的位置。"动车"两头的斜坡代表这个箭头画出的时间和淡出的时间，这个时间也可以在左边的工作框中调整。

如果想在画面上同时出现多个标注，我们需要先单击一下时间线上的视频文件，然后在"标注"工作框中选择另一个标注效果，视频预览画面上就会多出一个选择的标注图形，时间线上也多出了"一列动车"，两个标注都可以独立调节各自出现和消失的时刻。

2. 文本框标注

有的时候我们需要在视频上标注一段文字，可以选择 Shapes With Text（文本框）中的圆角框。在预览窗口的画面上，我们可以调整这个圆角框的位置、大小、圆角曲率等，在左边的标注工作框内可以设置这个圆角框的边框颜色、插入的文字字体和字号、文字颜色、填充色等。见图 4-2-17。

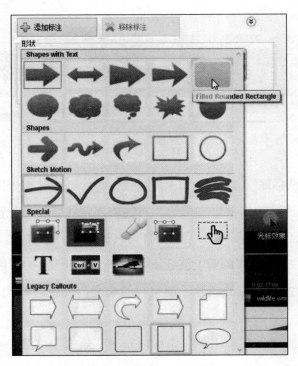

图 4-2-17　文本框设置

3. 纯文本标注

有时候我们希望直接在视频画面上写字，不需要背景色，就可以选择Special（特殊类型）中的纯文本工具 T。无论是圆角框还是纯文本，文字输入都要在左边的标注工作框内完成，而不是在右边的预览画面上输入。见图4-2-18。

图 4-2-18 圆角框与纯文本效果对比

4. 聚光灯标注

标注工作框的形状中还有一种很炫的标注方式——Spotlight（聚光灯）。我们单击一下聚光灯，可以看到预览窗口的视频画面上除了中间一个矩形框内亮度不变，其他地方的画面都变暗了。我们只要拖动矩形框的四角，调整它的位置和大小，让我们想要突出显示的主体正好位于矩形框中，然后调节时间线上聚光灯的显示时长，点击预览播放，就可以看到很炫的画面强调效果。见图4-2-19。

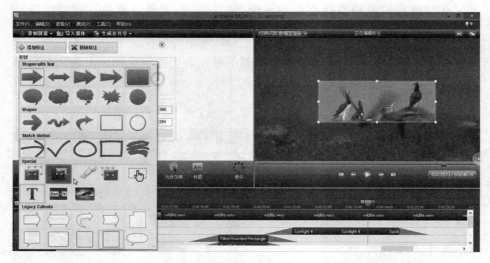

图 4-2-19　一种很炫的标注方式——Spotlight（聚光灯）

八、转场效果

用 CS7 编辑视频时，如果时间线上有多段视频或图片媒体，在这些媒体之间，一般都要加入起过渡作用的转场效果。添加转场效果的基本操作是：单击中排大按钮"转场"图标（如果看不到，一定是藏在"更多"菜单里了），左边窗口中就会显示很多转场效果，常用的有淡入淡出、翻转、翻页、发光等，只要双击其中某一项，就可以查看这个转场效果的预览。同时，底下的时间线上，相邻两个媒体之间会出现一个向右的大箭头。如果我们选中了某个转场效果，拖动这个图标到两段媒体之间的箭头上就可以了。见图4-2-20。

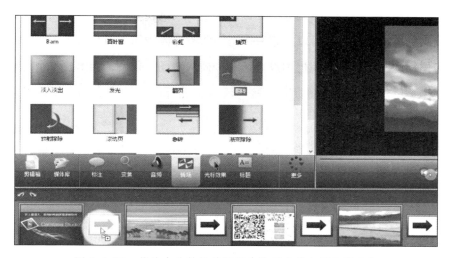

图 4-2-20　将选中的转场效果图片拖到素材之间的箭头上

如果想查看设置的转场效果到底合不合适，需要先单击剪辑箱，把时间游标放在开始播放的地方，单击右边预览窗口下的播放键，就可以预览转场效果了。如果觉得转场时间太长，可以在时间线上的转场效果上单击鼠标右键，在弹出的窗口中选择"转场时间段"修改时间值。见图 4-2-21。

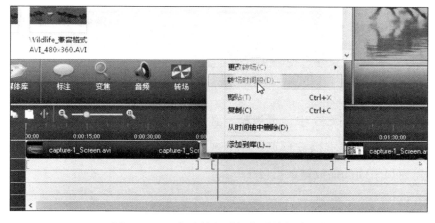

图 4-2-21　修改转场时间段（转场时长）

CS8 与 CS7 在转场操作上有一些不同。

不同点一：单击"转场"图标，选择一个转场效果，双击这个图标预览效果。如果觉得合适，就可以把它直接拖到两段媒体中间。但是 CS8 的时间线上紧密相邻的两个媒体之间根本没有箭头。插入转场效果后，会出现一个跨越两个媒体头尾的绿色方块图标，直接拉动这个图标的左端或右端，就可以调整转场时间了。

不同点二：如果先把两段媒体在时间线上拖开一段距离，就可以对视频的头或尾单独设置转场效果。因此，二者有一个最大的不同点，在 CS7 的时间线上如果只有一段视频，根本就不能增加转场效果；在 CS8 中即便只有一个视频，仍可以对其头或尾设置转场效果。见图 4-2-22。

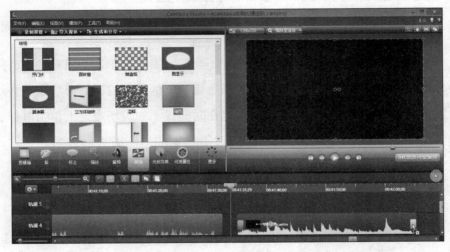

图 4-2-22　CS8 可以对视频的头或尾单独设置转场效果

不同点三：在 CS7 中预览视频，必须先单击"剪辑箱"，然后把时间游标往前移一点，再点播放预览。在 CS8 中就不必点"剪辑箱"，直接单击右边预览窗口下面的播放键就可以了。

九、添加字幕

在 CS 中编辑视频时，可以手动添加字幕。

我们首先把时间游标放在一段字幕最开始的位置，然后单击"更多"→
"字幕"，中排按钮中就出现了"字幕"按钮，并自动打开"字幕"编辑框，
单击"Add caption（添加字幕）"这个按钮就可以了。然后把文字逐一输进去，
在右边视频预览窗口可以看到画面的下方出现了刚刚输入的一排字幕。见图
4-2-23、图 4-2-24。

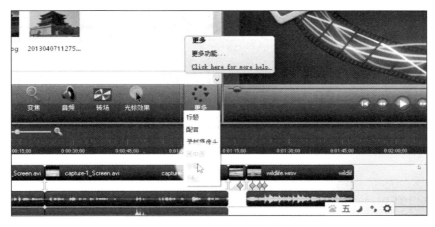

图 4-2-23　打开"字幕"编辑框

图 4-2-24　在左边的字幕编辑框输入字幕文字

单击右边的播放按钮试听，拖动时间线上字幕框的左右边缘，可以调整
字幕开始和消失的时刻，使字幕与声音同步。见图 4-2-25。

图 4-2-25　拖动时间线上字幕框调整字幕开始和消失的时刻

在编辑字幕时，建议屏幕上只显示一行字幕。如果一段话比较长，我们就把这段字幕文字拆分成两段。由于时间线上两段字幕不能重叠，需要先在时间线上拖动前面字幕框的右边缘，缩短前面字幕显示的时间，然后点"+"按钮，添加第二段字幕。在字幕编辑框中，还可以调整字幕文字的字号、字体、颜色、填充色等格式。而且，左上角已经显示了 Global settings（全局设置），所以这些格式调整将适用于整个视频，而不必对每个字幕重复设置。见图 4-2-26。

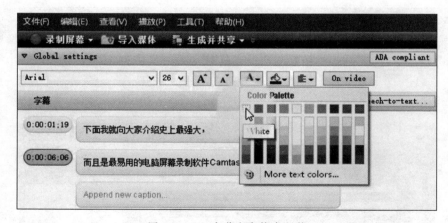

图 4-2-26　字幕文字格式调整

想在微课上加字幕，建议采用 CS8 软件，它具有同步字幕（Sync captions）功能，编辑字幕更快捷。具体操作过程如下：

第一步，在字幕编辑框的文字上右击鼠标，选"Delete all captions"清除已有的所有字幕文字。

第二步，在时间线上选中视频要生成字幕的部分，再单击屏幕顶端的"文件→生成指定→导出音频为→ Audio1（音频 1 ）→ Continue → Wave 文件（*.wav）或 MP3 文件（.MP3）→保存"，将这段视频中的配音另存为一个 MP3 文件。

第三步，借助录音笔或语音识别软件，把这段录音全部识别转换为文本，保存为记事本文件（.TXT）或 Word 文档（.DOC）。直接在记事本或 Word 中编辑这段文字，分割为每句话占一行一段落，毕竟在 Word 中编辑文字更快捷。

第四步，复制已编辑好的全部文字，一次性粘贴到 CS8 的字幕编辑区。

第五步，单击"Sync captions（同步字幕）"按钮，然后单击"Continue"，当听到某一行文字的第一个字刚要念出来的时候，用鼠标在字幕编辑框中点击一下段首文字，这一段文字（实际只有一行）就会被分割出去，并在文字左侧自动生成这一行字幕显示开始的时刻……依次往后单击，直到复制过来的所有文字全部被念完。这样，这一段视频中所有的字幕文字就都被分割、同步好了。最后一行字幕消失的时刻默认持续到整个视频的末尾，所以还要拖动最后一行字幕的右边缘，到视频中这句话刚好说完的位置。见图 4-2-27。

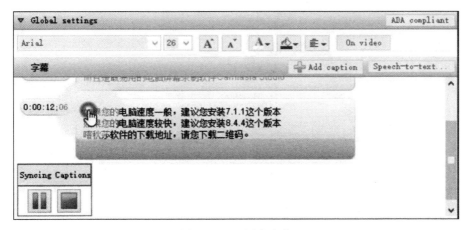

图 4-2-27 同步字幕

第六步，单击右边预览窗口的播放键，对已编辑好的字幕检查一遍，看字幕开始和消失的时刻是否与声音同步，可能有个别位置还要手工拖动时间线上的字幕框进行调整。

在 CS8 中添加视频字幕有两个注意事项。

一是字幕的位置不能上下移动。如果字幕与高亮度画面重叠导致看不清楚，唯一的补救方法就是在全局设置中调整字幕文字的大小、颜色或背景填充色。例如，将背景色设置为与画面区分度较大的颜色，并且减小字幕背景色的透明度。

二是当我们单击"生成和分享→选择 MP4 only（up to 720p）→下一步"的时候，CS 会提醒我们"字幕失去了隐藏式字幕功能"，我们再单击"确定"按钮，一段 MP4 视频就生成了。但是，在有些计算机上，生成的视频中字幕居然不见了！我们可以用下面的方法来解决：单击"生成和分享→选择自定义生成设置→下一步→MP4- 智能播放器→下一步→选项→修改标题类型为'根据视频字幕'→控制器→去掉'生成使用控制器'前面的'√'→下一步→完成"，就只会生成一个字幕完全融入画面的 MP4 视频文件。见图4-2-28。

图 4-2-28　字幕消失的处理方法

第三节　背景音乐与音频处理

下面仍以 CS 软件为例，介绍如何对微课中的音频、音乐进行各种处理。

一、调节音量大小

首先，单击"导入媒体"，导入一个背景音乐文件，并存放在剪辑箱中。（剪辑箱中各类媒体会自动分类，音乐文件自然被存放在"音频"类别中。）然后，拖动时间游标中间的箭头部分，放到时间线上一个合适的位置，在剪辑箱中的音频文件上单击鼠标右键→添加到→选择一个空的音频轨道（如音频 3），就可以把指定的音乐文件加到时间线上了。见图 4-3-1。

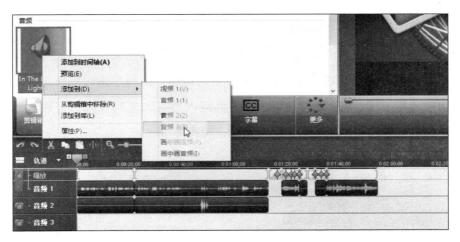

图 4-3-1　将一段音频插到音频轨道上

预览播放一下，看看音乐的位置和效果是否合适，音量太大会干扰学生听课的注意力。调节音量大小的方法是：单击中排第五个大按钮"音频"，时间线上凡是有声音的地方都会出现一个绿色的区域，绿色区域的最上方是一根可以上下拖动的线，向下拖动就可以降低这段素材的声音。反之，如果教师录制的讲课素材声音偏小，就可以把这条线向上拖来调大音量。调整音量大小后的声音效果，要试听后再确定。见图4-3-2。

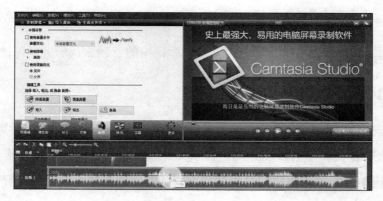

图4-3-2　调整某段素材音量大小的方法

二、剪切声音片段

当教师主讲的声音出现时，我们可能就希望音乐的声音消失，这时就要在时间线上把与教师讲课的声音重叠的这一部分音乐剪切掉。我们可以拖动时间游标两边的小方块，选中要删除音乐的区域，然后单击时间线左上角的剪切键（剪刀），但是我们发现，选中区域内所有轨道的视频、音频等所有的素材都被剪没了，这不是我们希望的。见图4-3-3。

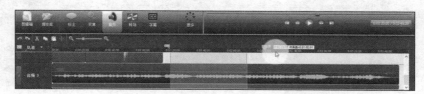

图4-3-3　拖动时间游标两边的小方块，选中要删除音乐的区域

正确的操作是：每个轨道的最左侧都有一个小锁，我们先单击这些小锁把其他轨道锁定，只留要剪切音乐的那个轨道不被锁定，然后单击剪切键。这样就只会删除未锁定轨道上选中的音乐区域，而其他轨道都不受影响。轨道一旦锁定，对该轨道所做的任何编辑都无效，因此，正常情况下每条轨道都不要锁定。只有在对某个轨道的某个局部进行编辑时，才会临时锁定其他轨道。

三、声音的渐入、渐出和静音

当音乐播放到被局部剪切过的位置时，会有点戛然而止的感觉。在微课中，如果这种中止只是偶尔出现，观众还可以勉强接受；如果经常出现，就会给人以明显的粗糙感，体验就会很不好。如何给音视频中的声音设置渐入、渐出的效果呢？

在轨道上单击这段声音素材（音频、视频都可以），我们会看到上面的音频编辑框中渐入、渐出、静音等按钮由灰色变成了黑色，变成了"可用"状态。我们直接单击"渐入"或"渐出"按钮就设置好了。见图4-3-4。

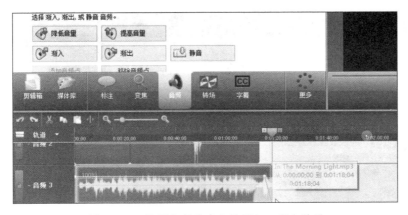

图4-3-4　设置与调节声音的渐入、渐出效果

设置了渐出或渐入效果后，轨道上音频绿色方框的右端或左端出现了一个三角形区域，表示声音在逐渐减小，拖动三角形上的那个黄色圆点，还可

以调节声音渐出的时间长度。

如果要把一段视频或音频素材的局部设置为静音，然后由教师重新配音，我们可以进行"静音"设置。拖动时间游标两边的小方块，选中音频轨道上要静音的区域，然后直接点音频编辑框中的"静音"按钮就可以了。

其实，我们往下拖动音频绿色方框上边框那根线来调小音量，从 100% 拉到 0，也一样可以实现静音。

四、降噪

如果录制声音的时候环境不够安静，或者使用的只是普通的耳麦，就不可避免地会产生一些噪声。如果噪声主要以低频噪声为主，如风声，那么使用降噪功能就比较有效。其方法是，先在轨道上选中需要降噪处理的音频，然后在音频编辑框中"使用降噪"前面的复选框上单击"√"就可以了。CS 会自动选取某一段音频进行采样，把它认为的背景噪声从我们选中的所有音频素材中过滤掉。已经完成降噪的音频波形，颜色会变得比较深，以示区别。见图 4-3-5。

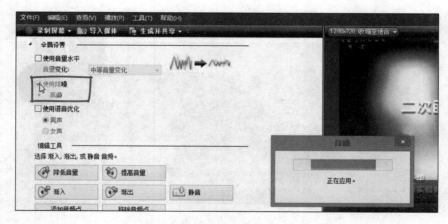

图 4-3-5　音频降噪操作

五、录制配音

我们在编辑微课的时候，可能需要重新补录一段配音，或者替换其中的一段配音。为了方便，我们可以直接在 CS 中完成录制配音的工作。

第一步，在中排按钮的"更多"菜单中找到"配音"按钮。

第二步，拖动时间游标的箭头部分，放到开始配音的地方。

第三步，单击"配音"按钮，选择一条空的音频轨道（如音频 3）。

第四步，单击"开始录制"，教师对着耳麦录音。

第五步，单击"停止录制"，在弹出的对话框中输入文件名，单击"保存"按钮进行保存。录制好的音频文件被自动放到剪辑箱的音频类别中，而且这段音频素材被自动插到了音频 3 轨道上时间游标所在的位置。

第六步，预览试听一遍，如果新增的配音被其他轨道上的声音干扰，就将其他轨道在这个时间段内的音频选中，并将其"静音"，从而实现音频"替换"。

见图 4-3-6、图 4-3-7。

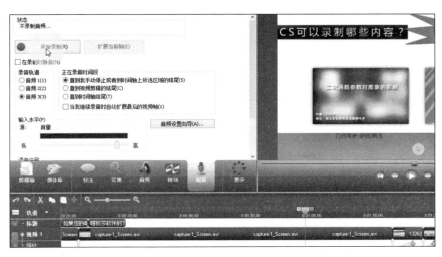

图 4-3-6　开始录制

图 4-3-7 录制结束

以上就是 CS 软件的大部分主要功能，运用 CS 软件可以比较容易地编辑出生动活泼的视频，让我们的微课质量更上一层楼。其新版本 CS8 有更多、更丰富、更强大的功能，能更好地增强微课的表现力，所以建议读者使用。

第四节　提升 PPT 式微课质量的方法

下面，我们将研究如何用技术手段来提高微课的质量，如何提高 PPT 设计质量，如何用 CS 更加深入、丰富地录制微课以及后期的视频编辑工作。还向大家介绍一些其他的微课制作工具，以及如何利用这些工具进一步提升自己的微课制作质量。

让微课吸引学习者，更好地向学习者传递知识，这个目的对微课是至关重要的。那么如何让微课更好地吸引学习者呢？见图 4-4-1。

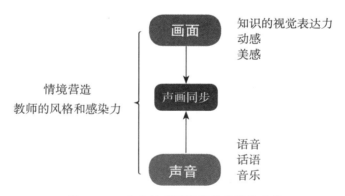

图 4-4-1　如何让微课更好地吸引学习者

图 4-4-1 是一个大体的框架，这个框架分为画面和声音两个部分。画面部分又分为知识的视觉表达力、动感和美感。声音部分又分为语音（就是声音给人的感觉）、话语（教师所说的话）和音乐。在画面和声音之间，还有一个声画同步。声音和画面两部分都必须具备的就是"情境营造"和"教师

的风格和感染力"。如果在制作微课的时候能够充分考虑这些要素，我们的微课一定能够更好地吸引学习者，微课的质量一定会比较高。当然，需要注意这么多方面，一个人是很难做到的。所以，优秀微课的开发，必须有团队合作。

一、动感

所谓动感，对于 PPT 来说，就是它的动画技巧。这对于微课真的非常重要，在我们观看过的很多微课中，常常能感受到微课设计不足的两个大问题：第一，微课的画面经常长时间静止；第二，微课的内容在视、听两个方面不同步。

画面长时间静止的第一个问题是，会使学习者的视觉失去焦点，这个时候学习者是以听觉为主的。我们在师范专业课上学过，在人的感觉通道中，视觉是占绝对优势地位的，视觉获得的信息量要占到 85% 左右，而听觉只有 11% 左右。所以，以听觉为主的效率相对于视觉来说比较低。画面长时间静止的第二个问题是，学习者的视觉长期没有兴奋点，这个时候他就更容易分神了。见图 4-4-2。

种群数量特征

任务：据第六次人口普查2010年海沧区人口情况回答

总人口	288739	比例	备注
出生人口	5284	出生率：	
死亡人口	1877	死亡率：	
迁入人口	174109	迁入率：	2009年118040人
男性人口	150144	男：女=	正常：（103~107）：100
女性人口	138595		

1. 海沧的面积为173.6平方公里，海沧人口（种群）密度是多少？
2. 2010年海沧区人口出生率和死亡率是多少？
3. 迁入率是多少？
4. 男女性别比例是多少？

图 4-4-2　示例：画面长时间静止、一下子出现一大段文字

所谓视听不同步，常见的情况是微课中一下子出现了一大段文字。教师在念文字的时候，学习者大脑会优先寻找老师的语音与屏幕上文字之间的对应关系。如果学习者始终全神贯注，那么问题还不大，如果学习者偶尔分神了，等他回过神来的时候，大脑就需要再次根据老师的语音来找到屏幕上的文字，这本身就费劲，因此就来不及进一步对老师正在讲授的知识进行思考，学习的效果当然就比较差。

画面长时间静止和一下子出现一大段文字所导致的视听不同步，这两个问题往往同时出现。就算教师讲解得再好，对学习者来说，他们仍然会认为这个学习是非常困难的。这样的微课很难让学习者不分神，难以让学习者喜欢，这就背离了我们做微课的目标。

要解决视听不同步的问题，基本的方法是：内容的出现要匹配语音讲解的节奏，这样才有可能实现视听一致的效果。因此，对于 PPT 的动画设置，我们需要遵循以下原则：要以语音为基准来设置 PPT 动画，要做到讲什么就出什么；最重要的是，没讲到的内容不要出现。所以，如果非要出现一大段文字，我们就需要把它细细地拆分成更多的段落，并且针对每一个段落设置动画。

要解决画面长时间静止的问题，我们要想尽一切办法，尽可能地创造动感。PowerPoint 2010 和 PowerPoint 2013 系统已经提供了比较强大的动画功能。最好的动感效果就是要实现"视线牵引效果"，也就是画面牵引着学习者的眼球移动。例如，我们常用的擦除、飞入、放大/缩小等动作设置效果就很好。

当 PPT 画面中始终有个东西在动的时候，人的视觉焦点就会本能地去关注这个动的部分。无论视觉焦点放在 PPT 画面的任何地方，眼睛的余光也一定会始终关注这个动的部分。这就与青蛙在田地里只能吃到会动的虫子的原理是一样的。

人的余光本能地会注意到移动的东西，但动了以后，能不能吸引学习者进一步观看，就要考验我们教学本身的基本功了。抓住了学习者的眼球就抓住了学习者的注意力，可见画面的动感营造是非常重要的。有一个经验数据：画面静止的时间最好不要超过 10 秒钟。如果你能够做到 2~3 秒或者每秒都在动，那绝对属于专业级的水平了。

那么，如何在 PPT 中实现动感效果呢？给大家介绍三种方法。

1. 动画点精细化

运用这种方法时，我们需要在 PPT 中设置尽可能多的动画点。例如，在课堂上作为讲稿的 PPT，一页中的动画点可能只有 3~5 个，如果变成微课用的 PPT，这一页中的动画就需要增加到 10~20 个。

例如，一个有较多文字的 PPT 页面，如果没有设置动画，必然会导致画面长时间不动。如果设置动画，让文字随着语音实现移动变色，就能有效地增加动画点，更能吸引学习者的注意力。而且，就算学习者偶尔有分神的情况，也更容易找回来。所以，把动画点进行精细化设置，设置尽可能多的动画点，对于微课用的 PPT 来说是至关重要的。

2. 明确指示位置

有时候在一页 PPT 上一次性出现的内容比较多，我们可能很难、不能、不愿意或者没有时间来精细化设置动画。做成微课后，如果教师直接对着这页 PPT 进行讲解，只要学习者偶尔一分神，他可能就找不回来了；更严重的情况是，学生可能根本就不知道老师讲到了哪里，相当于老师白讲了。

如果实在没有时间改进微课用的 PPT，我们可以采用第一种改进方法，在 PPT 播放的状态下调出激光笔，用来指示教师当前讲解的位置，也能简单易行地制造出"动感"。我们采用激光笔"明确指示位置"的方法，就很容易弥补 PPT 的缺陷。

请记住一个组合键：Ctrl+ 鼠标左键。在 PPT 播放状态下，只要按住键盘上的 Ctrl 键，同时按住鼠标左键，就会快速调出激光笔。

我们还可以采用第二种改进方法：增加位置指示动画。也就是在原有 PPT 页面上，增加一些如椭圆形、矩形、下划线等形状，放在关键的指示位置，然后教师一边讲解，一边单击，让这些形状依次出现，用来标示当前讲解的位置。这样简单的改进，就可以非常好地牵引住学生的视线。

3. 适当勾画

勾画也就是用鼠标或者手写笔在 PPT 页面中写写画画。

为了完整展示知识结构，或者当前讲解的内容涉及的因素比较多，我们常常需要在 PPT 页面上同时显示较多文字、符号、图形等元素。如果这个繁杂的画面就是一幅完整的图片，或者是一个完整的表格，或者是一个完整的"对象"，我们在制作微课时就很难用动画的方式进行改进，因为整个"对象"是一体的。这时，我们可以采用鼠标或手写笔在页面上进行勾画，把讲解的要素圈起来，或者画一条下划线，学习者在听的时候就能跟得上，能找到老师当前讲解的位置。既可以很容易地制造出 PPT 的动感，还留下了讲解的痕迹，突出了当前的重点，对于提升教学效果非常有效。以下是 PPT 播放中几种常用的键盘快捷键或组合键。

激光笔指示：Ctrl+ 鼠标左键。

红色笔标注：Ctrl+P，鼠标的光标变成一个红色的小点。

恢复为鼠标：Esc。

放大 / 缩小：Ctrl+ 鼠标滚轮，向上滚放大，向下滚缩小。

为了方便操作，请记住上述几种操作的快捷键或组合键。在 PPT 播放时，使用 Ctrl+ 鼠标滚轮放大 / 缩小当前页面，鼠标滚轮往上滚就是放大页面，往下滚就是缩小页面。当我们需要突出 PPT 页面中的某个部分、强调画面中的某个局部时，就可以把画面放大，然后拖动鼠标调节 PPT 页面显示的位置。随后，我们松开 Ctrl 键，鼠标在页面任意位置单击右键，就可以把 PPT 页面缩小到正常状态。

二、PPT常用动画技巧

1. 按段落发送

如果一个文本框中有很多段文字，我们想对每个段落设置动作，就非常耗时间。其实，在效果选项底下有"作为一个对象、整批发送、按段落"三种选择，只要我们选择"按段落"，播放时每单击一下鼠标，就显示一个段落，非常节省时间。

2. 更多进入效果

Office 为我们内置了丰富的动画效果。为了使微课动作更新颖多样，我们在选择动作时，除了在菜单里看到的那些动画效果，底下还有"更多进入效果、更多强调效果、更多退出效果、其他动作路径"等选择。例如，在"更多进入效果"里，我们能找到挥鞭式这种动作。

3. 效果选项

如果想对动画效果进行更精细的设置，首先需要打开动画窗格窗口，然后在相应的动画条目上单击右键，选择"效果选项"，在效果选项里就有更加精细的动画效果设置。例如，浮入效果可以在效果选项→动画文本中找到"整批发送、按字/词、按字母"三种选项，如果我们选择按字母，就可以实现逐字浮入，还可以在下面的输入框中调整数字，来改变各个字之间出现的时长，数字越大，出现得越慢。

4. 添加动画

如果我们想让一个对象有两次动作，例如，先浮入，再跳跃，可以先正常设置"浮入"动画，然后再次选择该对象，单击"添加动画"，再选择"强调"中的"波浪形"，而不是直接设置动作类型两次，否则后面设置的动作就会替换前面设置好的动作。设置好的第二次动作，还可以选择"从上一项之后开始"，让这两个动作自动、连贯地播放。对于"强调"类动作，还可以在"计时"中选择"重复"的次数，从而更好地达到强调的目的。

5. 动画示例：旋转的时钟指针

PPT 中有一种强调动画叫作陀螺旋，但是如果我们直接对绘制的时钟指针设置"强调"动作为"陀螺旋"，看到的效果是指针以腰部中点为转轴旋转。怎样让它以底部为转轴旋转呢？首先，我们可以复制一个同样的指针，将它翻转 180°，然后将二者组合为一个对象，重新设置这个组合的"强调"动作为"陀螺旋"，它们自然会以组合体的中心为轴旋转。其次，我们将复制的另一个指针设置为"无线条色、无填充色"隐藏起来。最后，看到的效果就是原来那一根指针在以底部为轴旋转。如果我们再在"计时"里设置速度为60，一个指针式计时器的秒针就制作好了！

6. 成对出现的动画

按住键盘上的"Shift"键，同时选中两个或者多个对象，然后单击浮入动画，两者就会同时向上浮入出现。我们也可以制造出相向运动的效果，只要把上面对象的"效果选项"修改为"下浮"就可以了。同样的道理，我们也可以制造出背离运动的效果，只要把下面对象的"效果选项"修改为"下浮"就可以了。

7. 多个动画组合

对于PPT中的多个对象，除了上面所说的上浮、下浮成对出现的动画组合之外，还有很多丰富多彩的动画组合。这些动画组合能够使PPT更加富有动感。例如，将两个或者多个路径动画组合，就可以随心所欲地制作出多个物体运动、公式移项变形、裁剪留痕等动作。

8. 插入动态图片

打开计算机的搜索引擎，例如，百度或360搜索，输入关键词"剪刀动态图片"，单击"搜索"或"百度一下"，我们就能搜索到很多不同样式的剪刀动态图片。在选中的动态图片上单击鼠标右键，选择复制图片，然后把它粘贴到PPT页面上，这样我们就可以在PPT中插入网上现成的、丰富多彩的动态图片了，并不需要亲手制作每一个动态素材。

但是，我们下载的大部分图片都有白色的背景色，插到PPT页面上可能会遮挡其他对象。这个时候怎么办呢？在PowerPoint 2010和PowerPoint 2013中，我们可以先选中这张图片，然后点开顶端的格式菜单，再点开颜色菜单，点开最下面倒数第二项"设置透明色"，这时会出现一个吸管，将吸管在图片的白色位置点一下，就把这张图片的白色设为透明色了，这张图片的空白部分就不再遮挡其他对象了。这种效果既适用于静态图片，也同样适用于动态图片。

三、文字排版设计

作为职业教师，我们的 PPT 中总是充满了知识，而知识的主要表征方式就是文字，所以 PPT 中文字排版是非常重要的。

1. 文字排版建议

第一，标题和正文要选择不同的字体。推荐字体以雅黑、雅黑 light 为主，美术界一致公认微软雅黑这种字体比较美观。我们还可以搭配隶书、魏碑、草书、静蕾、黄草等比较圆润的字体，这样会显得比较协调。通常建议把标题做得更为醒目，方法就是给标题文本框加一个反色的背景填充色，或者把标题的字号设得大一点，就会显得标题更加突出。

第二，一个页面的字体不要超过三种，或者在整个 PPT 文档中用到的字体就不要超过三种。字体太多会给人非常凌乱的感觉，所以我们要摸索出自己的 PPT 中常用的字体搭配。

第三，一个页面中，文字的颜色不要超过三种。文字的颜色太多也会显得很凌乱，很难让人感觉到舒适，就更不用谈美观了。如果一个页面中文字比较多，又没有办法删减，那么建议把正文的文字颜色调成深灰色，而不要用黑色，因为灰色不太能引起人的特别关注，只要能看清楚就没有问题。在这种情况下，只要针对需要突出的文字使用黑色、彩色或粗体，这些需要突出的部分就会显得非常醒目。

第四，文字排版要富于变化。为了增加 PPT 页面的美感，用不同的颜色、字体来标识重点，给文本框添加不同的样式和边框，也是一种营造变化的手段。

PowerPoint 2010 和 PowerPoint 2013 提供了一种非常便捷的手段——快速样式。如果想修改某个文本框的样式，我们先选中它，然后单击"开始"菜单，再单击"快速样式"按钮，就会发现里面有很多种预制的快速样式，我们很容易挑选出一种合适的样式。这些预制的样式都是专业设计的，非常醒目，适用于设置标题或重点部分的样式。最底下那一行特别受欢迎，就是下面带阴影、有立体感的那种文本框样式。

快速样式里面所有的配色与我们在新建文档时选用的 PPT 主题颜色是密切相关的，这些颜色搭配起来都比较协调，不会出现配色冲突的情况。如果对这些配色都不满意，最底下还有一个"其他主题填充"，主要提供各种各样、带有颜色渐变的效果，非常美观。

有时我们使用快速样式，会觉得它的配色方案不太好，颜色搭配不那么妥当，主要原因可能是新建这个幻灯片的时候使用了某种预制的模板。在 PowerPoint 2013 或 PowerPoint 2016 这样比较新的版本中，多数模板的配色方案都做得很好，但是在老版本中模板的配色方案并不是很好。所以，一般情况下推荐使用空白演示文稿，以白底作为模板。

如果我们已经使用了某种主题模板，也可以修改它的配色体系。只要单击"视图"菜单，然后单击"幻灯片母版"按钮，就可以对母版各方面的要素进行调整了。例如，增加页眉、页脚、Logo，修改布局，都是可以的。

如果想更改它的配色体系，只要单击"颜色"这个按钮，然后选择第一项 Office，就会把整个配色体系改成标准的配色体系。在幻灯片母板里，还可以更改字体、背景样式等。

第五，应用不同的形状。有人说 PPT 有三个最主要的要素：一是文字；二是图片；三是形状。形状对于 PPT 设计的重要性，相当于炒菜的时候盐的作用，如果没有盐，这个菜总是没什么滋味。

在 PPT 中使用形状并不难，我们在开始菜单中单击"形状"按钮，就可以找到很多常用的形状。但是，教师对于什么情况下需要使用形状、使用什么形状、使用形状有什么用，可能并不太了解。

比如，有的 PPT 页面中基本上全是文字，看起来比较枯燥，没有重点，没有层次，对学生的学习和理解起不到太大作用。有的教师会尝试在这样的 PPT 页面中插入一些小图片、艺术字作为点缀。其实，如果我们合理使用形状，点缀用的小图片根本就没有必要。

2. 形状的作用

第一个作用，用形状表达关系。有的时候我们认为关系比文字元素本身更值得强调。使用形状突出关系，能充分引起学习者的注意，使学习者自觉地寻找关系两头的元素，就能达到很好的教学效果。见图 4-4-3。

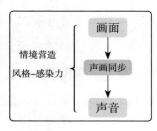  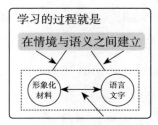

图 4-4-3　用形状表达关系

所以，教师要善于找出元素之间的关系，然后努力用形状来表达这些关系，就可以更好、更高效地传递想表达的意思，提高 PPT 作为知识表达工具的效率。图 4-4-3 这几张 PPT 主要使用了形状，与用纯文字的效果相比，无疑让页面显得更加丰富，更加具备视觉吸引力和舒适性。

第二个作用，用形状突出重点。比如，我们经常用爆炸型来突出重点，如图 4-4-4 所示。另外，当页面上有需要特别强调的文字时，我们可以画出一个矩形形状，并且应用快速样式来实现强调效果，这比使用一段纯文字来说明问题效果要好很多。

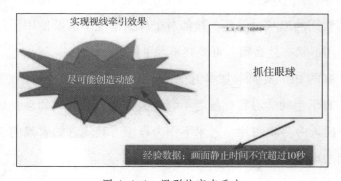

图 4-4-4　用形状突出重点

第三个作用，用形状进行区隔。为了让显示的多个因素的层次显得更加分明，我们用形状来进行区隔，比用分段纯文字清晰得多。见图4-4-5。

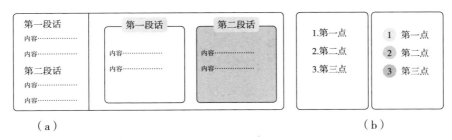

图 4-4-5 用形状进行区隔

四、图片运用设计

在媒体设计行业有一句非常经典的语录："文不如表，表不如图。"在传媒行业也有一句非常经典的语录：一张好图片胜过千言万语。图片对于表达的重要性，可见一斑。

在 PPT 页面上充分运用优秀图片是至关重要的，因为 PPT 本身的目的就是充分表达我们的意图，让接收者更加充分地理解我们的意图。优秀的 PPT 图片需要具备四个要素：①意义高度相关性。图片必须与内容高度相关，至少也要有一定的关联。②足够大。很小的图片并不能引起人的情感反应，价值不大。③清晰。很模糊的图片价值不大。④视觉冲击力强。图片必须具有很强的视觉冲击力，才能很好地吸引注意力，从而辅助传情达意。

当 PPT 中有了图片、文字、形状等各种元素时，就会形成一种图文混排的模式。PPT 图文排版通常有三种模式：①大图少文型，在图上配文，视觉冲击力最强；②文图并举型，图外绕文，视觉效果次佳；③文字为主型，迫不得已，仅配上点缀性的图片。

示例 1 图 4-4-6（a）是一位教师自己制作的 PPT，画面毫无冲击力，毫无吸引力。如果我们增加一幅卡通图片，这种大图少文的模式就很有视觉冲击力了，也大大增加了 PPT 页面的美感。见图 4-4-6（b）。

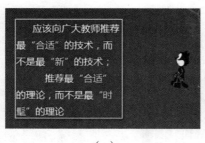

（a）　　　　　　　　　　　（b）

图 4-4-6　图文混排：大图少文型示例 1

示例 2　因为我们制作的大多是知识传授型 PPT，里面往往有很多的知识文字，难以做到用一张大图仅配很少的文字。例如，图 4-4-7（a）这个 PPT 页面，文字就比较多，设计者想让教师照着念，学生慢慢听，可惜吸引力很差，更谈不上什么美感了。

在这种文字很多的情况下，怎样通过图片的引入，并且进行适当的排版来提升页面的美感呢？首先一定要引入一张图片，并且图片和内容的相关度要高，让这张图片能传达出强烈的目标信息。其次要整合这段较长的文字，形成正反两面的强烈反差。见图 4-4-7（b）。

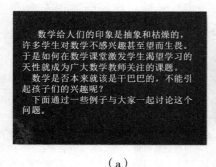

（a）　　　　　　　　　　　（b）

图 4-4-7　图文混排：大图少文型示例 2

当我们看到这个页面时，绝大多数人第一时间的注意力一定是放在这张图片上，图片可以强烈吸引我们的视线。脑科学研究表明，大脑对这种图文模式的识别是非常快的，而且是自动完成的。有图有文时，绝大多数人都会先看图片，然后才会进一步、更加深入地看文字，这就是图片给 PPT 带来的吸引眼球的积极作用。

在大多数情况下，我们在网上搜索下载的图片都要进行各种处理。从 PPT 2010 开始，就提供了比较强大的图片处理功能。我们只要双击这张图片，就会进入图片格式菜单。

以裁剪功能为例，我们只要单击"裁剪"按钮，就可以拉动四角的框或者是边上的黑线，进行任意裁剪。在图片裁剪这个功能中，还有一个比较有意思的功能，就是"裁剪为形状"。这张图片还可以与形状相结合，例如，将图片裁剪成六边形，或者变成一个云形，使图片的效果更丰富、更有趣，更容易吸引学习者关注。

我们也可以针对一张图片使用快速样式。双击一下这张图片，在格式菜单的中部就可以看到"图片样式"，我们选择一种合适的样式，就可以改变图片的外观，如相框样式、立体样式、倾斜样式、椭圆外框样式等。见图 4-4-8。

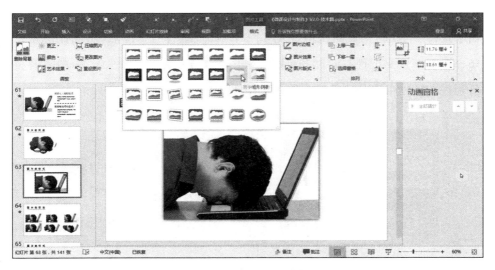

图 4-4-8　图片的快速样式设置

五、将微课做到更美

我们都只是普通人，在审美、设计方面往往没有经过专业训练，不可能真正把 PPT 做得多么美，但是可以做到让观看者比较舒适，这就是我们改进 PPT 的目标。那么，怎样才能使观看者舒适呢？除了以上几点，还有如下要领。

1. 简洁就是美

在风格上并不要求多么绚丽、多么酷，我们追求的是简洁、大方。在素材的排列方面有两个要求：一是整齐，显得很有顺序；二是层次分明，让学习者能够清晰地理解推理的过程、知识的结构。在排列素材时，要注意突出重点。我们做 PPT 微课，根本目的是传递教学知识，而不仅仅是让观看者欣赏美。

2. 将 PPT 页面比例设置为 16∶9

微课用的 PPT 最终是要生成视频的，现在大多数视频观看设备的屏幕尺寸比例为 16∶9。为了避免生成视频后的图像变形，我们在一开始制作 PPT 的时候就应该把页面比例设置为 16∶9，而且 16∶9 的比例本身观看起来就更加舒适。

在 PowerPoint 2010 和 PowerPoint 2013 中，怎样把 PPT 页面设置为 16∶9 呢？方法是单击"设计"菜单，然后在右上角单击"幻灯片大小"，如果选择"标准"，页面比例就是 4∶3；如果选择"宽屏"，页面比例就是 16∶9。如果要把现有课件的页面比例由 4∶3 更改为 16∶9，一般需要重新调整幻灯片中部分元素的布局。见图 4-4-9。

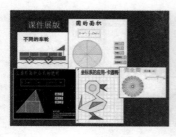　

（a）4∶3 页面　　　　　（b）16∶9 页面

图 4-4-9　4∶3 页面显得拥挤，16∶9 页面看起来更舒适

第五节　利用 PPT 进行画面设计

一、分镜杂谈

写好教学讲义或解说词以后，就要考虑如何把这些文字变成一个声画结合的视频形态。通常大家很容易想到一些常见的视频编辑工具，当 2010 版 PowerPoint 有了将 PPT 直接导出成视频这个功能以后，PPT 便成了教师们制作微视频的首选工具之一。

在做 PPT 之前有一个重要步骤就是分镜。什么是分镜呢？简单来说，就是规划好每一页 PPT 上放什么内容，包括图像、字幕等视觉语言，解说、音乐等听觉语言，以及所有这些内容的时间规划。分镜就是用视听语言和时间结构去构思创作的脚本。

例如，下面就是《微视频：电势能和电势》的分镜脚本，这个脚本的写作比较直白，但是有很强的画面效应，它将文字讲义的内容切分成一系列的视觉画面。从这个表格中可以看出，分镜的基本方法是从大到小、从整体到局部进行切分。首先根据段落主题，先把第一、二、三部分划分出来，然后进一步细化。根据具体的事件、场景的转换来分镜，再分为 A1、A2、B1、B2 等。见图 4–5–1。

镜头序号	画面描述	图像素材	解说词	时长
第一部分	**静电力做功**			
A1	与重力做功对比	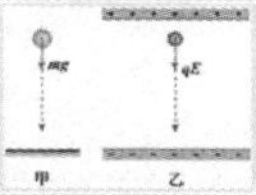	重力做功与路径无关，只与初末位置的高度差有关；静电力做功与路径有关吗？	8秒
A2	静电力做功的特点	……	只与初末位置的电势差有关	
第二部分	**电势能**			
B1	动画：电荷q从A点向O点加速运动，表示电势能转化为动能。	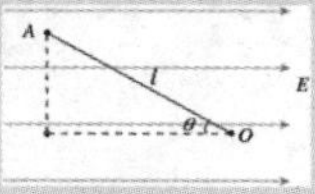	电荷q在A点的电势能为Ep，等于电荷q由A点移动到O点的过程中静电力所做的功。	12秒

图 4-5-1　分镜脚本示意

设计画面的过程也是收集图片素材的过程。例如，按照分镜序号 B1 的解说词，你会想到要搜集什么样的素材呢？我想一个是从课本复制过来的图片，另一个是用 PPT 画一个小球，并用动作路径让小球从 A 点加速运动到 O 点，表示电势能正在转化为动能。

分镜脚本也不是非写不可，如果觉得写分镜脚本太麻烦，也可以直接把每一个镜头的解说词写在相应的 PPT 备注里，直接在 PPT 中规划内容。这样做的缺点就是画面规划、搜集素材和 PPT 制作同时进行，其实它并不会节省多少时间，而且很容易只见树木不见森林。因为 PPT 是一页一页往后翻，很难看到全貌，也就很容易忽略页面之间的衔接，而分镜最基本的原则就是要保证衔接流畅。所谓流畅，就是避免碎片化。有的人生怕画面太复杂了，于是一句话就分一个镜，一句话就做一页 PPT。这样带来的问题就是，一个镜头中的解说是不完整的，信息是碎片的，很难展示全貌。

举个例子：下面这段文字一共有三句话，你觉得可以分几个镜呢？由于讲的是同一个事件，我们可以把它分在一个镜头中；也可以按照叙述的因果关系，分两个镜。前两句说上传视频到 YouTube，控制视频的时长，这是原因，可以分一个镜；第三句，视频受到热捧，这是结果，可以再分一个镜，两种方法都可以。

甚至我们可以用简洁直观的文字配合图形图片等素材，将多个事件整合在一个镜头中，仅用解说词来叙述故事。是不是表达得更直观，还更能吸引人？见图 4-5-2。

例：从 2004 年起，身在波士顿的萨尔曼·可汗用电子黑板系统把自己的数学辅导录制成视频，放到 YouTube 网站上。他有意识地把每段视频的长度控制在 10 分钟之内，以便让远在新奥尔良的小表妹有耐心地理解、消化。没想到，这些小视频获得了每天数十万的点击量，通过网络，竟然帮助不少熊孩子找回了学习数学的信心。

图 4-5-2　一个镜头的分镜技巧

再看一个例子：当我们介绍慕课发展史的时候，在一个重要的时间节点上可能有若干个重大事件。如果都放在一页 PPT 上，画面就太复杂了，不便于后期编辑。在这种情况下，我们可以将整个事件拆分成若干个页面，每页只呈现某一年的一两个事件。但是，我们在每一页上都保留左边这一条时间路径，并且逐渐延伸。虽然分镜比较碎，但仍然有很好的连接，观众仍然会把这几个镜头认知为一个长镜头。见图 4-5-3。

图 4-5-3　在若干页面显示时间路径

从以上两个例子我们可以看出，分镜要保证一个事件和场景叙述的完整性、逻辑性和连贯性。一般 2 ~ 3 句话分一个镜，如果句子太长，我们就修改它。但有时候一个完整内容的长度确实不能压缩，不便用短镜来完成，那么可以通过几个短镜构成一个长镜。关键是要注意上一镜头和下一镜头之间的连接，如在下一镜头中保留上一镜头的某些元素，同时替换另一些元素。分镜的过程也是进一步精简语言的过程，重点是要让别人看懂你要表达什么。不重要的过渡语、对话、正确的废话等最好都删除。

二、字有妙计

镜头的表意功能除了来自图像、声音这些内容要素之外，还来自画面构图等形式内涵，例如，图文排版、运动方式、色彩运用等多方面的内容。下面谈谈如何通过这些形式内涵来表情达意。

1. 字体选择

每当我们插入文本框的时候都会很纠结，因为字体的种类实在太多了，不同的内容、风格又需要用不同的字体来配合，因此，选择合适的字体很重要。

字体的选择远不止设置为雅黑这么简单，你可以根据需要添加各种设计感极强的字体，例如，方正系列、造字工坊系列、汉仪系列，还有叶根友书法系列，等等。

这些字体去哪里下载呢？这里给大家提供两种方法：第一种是你知道字体的名称，直接去"站长字体官网"搜索下载；第二种是你不知道字体名称，可以先屏幕截图，上"Qiuziti"网站按图索字。

例如，觉得某个广告上有个字体很好，就用手机拍照保存下来；如果是在电脑网站上看到的，就直接截屏保存。图片裁剪合适后上传到"Qiuziti"网站，它会让我们分别确认每个文字识别是否正确，键盘输入以后，点击搜索，就会显示出所有匹配的字体，我们一比照就知道这个字体了，然后直接下载。见图4-5-4。

图 4-5-4　找字体

下载好的字体文件，你知道怎么安装吗？其实很简单，把后缀名为 ttf、ttc、otf 的字体文件复制到 C 盘 Windows 下面 fonts 文件夹中，也就是计算机系统的字体文件夹，计算机上所有的字体文件都在这里。复制到这里后，字体会自动安装，重新打开 Office，新安装的字体就能使用了。见图 4-5-5。

图 4-5-5　字体文件

有了这么多字体文件，如何搭配才好呢？

第一种，微软雅黑＋黑体，这是一种非常安全的搭配，不会因为这种字体而出彩，但也不会减分，它的缺点就是相对单调一些。

第二种，方正粗宋简体＋黑体，这是一种比较庄重的搭配，适合政治、历史等比较严肃的话题或理论性较强的知识。

第三种，标题使用综艺简体或者菱心简体，这是一种商务搭配，因为这样的字体有棱有角，艺术感很强，经常在广告海报、综艺节目的标题中出现，适合表达社会性话题。

第四种，方正粗倩简体，这是一种优雅的搭配。这种字体线条温和圆润，稳重而不呆板，适合女教师，也适合一些较为轻松的话题。

第五种，活泼的搭配，比如方正少儿简体＋黑体，或文鼎习字体＋方正喵呜体。这种字体学生通常都很喜欢，我们称为可爱卖萌型，特别适合表现一些俏皮的语言内容，或者让学生回忆小时候发生的事件，也可以用到这样的字体。

第六种，国风搭配，例如，方正苏新诗柳楷简体＋方正北魏楷书简体的组合，非常工整娟秀，适合表现古诗词、文言文这样的内容。再如图 4-5-6（e）中关于《出师表》的 PPT，标题使用叶根友刀锋黑草体，富有张力；正文使用楷体，既清晰又优雅。这样的搭配，就具有非常强烈的中国风。

见图 4-5-6。

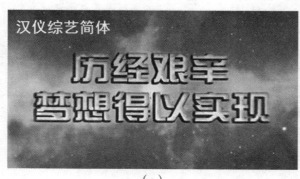

（a）

（b）

（c）

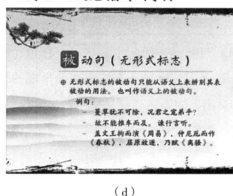

（d）

（e）

图 4-5-6 字体搭配

2. 字号设置

PPT 上的文字不能过小，因为我们是用来讲课的，不是来做视力检查的。但是字号的讲究远不止于此，通常字号要大小搭配，大字突出强调内容，小字负责详细陈述，这样才美观而不死板。而且字号大小除了能够提示内容的主次以外，还可以突出作者的情感。

例如，当我们需要给学生呈现这样一个数据：发展中国家 17% 的儿童是在 5 岁前死亡的。当我们把 17% 这个数据放得很大的时候，是不是造成了一种视觉冲击力？是不是传达了我们对这个数据的震惊？见图 4-5-7。

图 4-5-7　字号设置示例

3. 字数多少

在字数上，我们讲究少即多。言简意赅既是一门艺术，也是一种美德。因为文字一多，就容易导致厌烦，降低说服力。就像下面这幅画面呈现的，其实很多教师的 PPT 就是这个样子的，页面上满满当当都是文字，学生难以快速地发现教师要呈现的关键信息。因此我们必须提取关键字词，减少信息的冗余。有的时候甚至不需要把话说完，留点想象的空间给学生，说不定会有更好的效果。见图 4-5-8。

老师，你的 PPT 就是长这个样子的。老师，你的 PPT 就是长这个样子的。老师，你的 PPT 就是长这个样子的。老师，你的 PPT 就是长这个样子的。老师，你的 PPT 就是长这个样子的。老师你的 PPT 就是长这个样子的。老师，你的 PPT 就是长这个样子的。老师，你的 PPT 就是长这个样子的。老师，你的 PPT 就是长这个样子的。老师，你的 PPT 就是长这个样子的。老师，你的 PPT 就是长这个样子的。老师，你的 PPT 就是长这个样子的。老师，你的 PPT 就是长这个样子的。老师，你的 PPT 就是长这个样子的。老师，你的 PPT 就是长这个样子的老师，你的 PPT 就是长这个样子的。老师，你的 PPT 就是长这个样子的。老师，你的 PPT 就是长这个样子的。

图 4-5-8　错误示范

4.字体造型

文字尤其是汉字，不仅可以通过本身的意义来表情达意，还可以通过外观的视觉感观来传递信息。我们看看几组创意见图 4-5-9：

（1）马航客机失联以后，有一位微博博主写了一幅字：他把飞机的形象和奇迹的字样做了巧妙的结合，以表达为马航祈福之情。

（2）右上角是一个健美操表演的背景设计，通过人物剪影和部分文字的笔画进行整合，塑造出了一种动感十足的效果。

（3）华东师范大学的英文缩写是 ECNU，用一些知名校友的名字拼合成这四个字母，用以表达"母校的骄傲"这个主题，就非常合适。

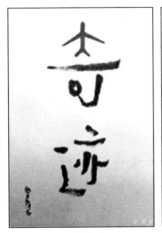

为马航祈福

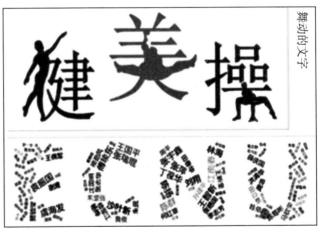

舞动的文字

母校的骄傲

图 4-5-9　字体造型示例

这个拼字造型看着很复杂，其实是用一个"词云工具"做出来的，如果感兴趣，可以去搜索 Tagxedo Creator 工具。这是外国的一个在线词云工具，原理是输入所有的文字和这些文字对应的百分比，然后选择一个要拼合的图形，词云图片就自动生成了。我们会看到有些字大一点，有些字小一点，这就是根据你设置的百分比而定的，你希望这个词大一点，百分比就设置得高一些。

虽然"词云工具"是英文版，但是它支持中文，而且支持自定义形状，除了"词云工具"本身提供的云朵、苹果等造型以外，还可以上传自己的图片，然后把所有输入的文字拼合成已上传的这个图片。见图 4-5-10。

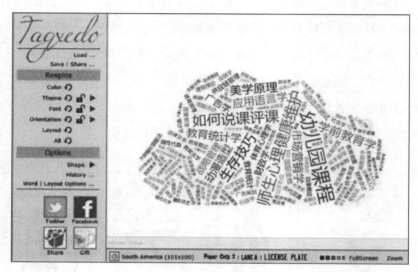

图 4-5-10　云朵造型设计

配合简单的图形，还可以用文字做出很多好玩的效果，如下跌、淹没、上升。看到别人做出来的作品感觉并不难，很多时候我们缺的不是技能，而是创意。爱因斯坦曾经说过，想象力能把你带到任何地方。见图 4-5-11。

图 4-5-11　更多造型设计

三、图说天下

关于图像的运用和设计，有句话叫好图胜千言。大部分人都同意这一点。因为图的意义在于让思想可视化，而不只是点缀装饰。但是，也不是所有的图都胜过 1000 个文字，我们到底需要什么样的图片呢？

1. 我们需要的图片

（1）漫画。想要表现某个新闻时事内容的时候，生动犀利的漫画特别好用。

（2）符号。现在很多优秀的 PPT 页面、网站的界面、手机应用的界面等都回归了单纯和简洁，非常流行使用一些单色的、扁平化的图标。因为它们在突出内容主题的同时，减弱了各种渐变、阴影、立体等效果对观众视线的干扰，让观众可以更加专注于内容本身。见图 4-5-12。

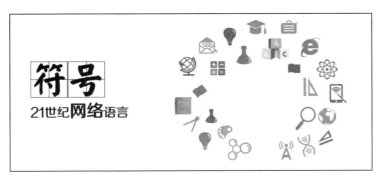

图 4-5-12　符号

（3）网络图片。当我们要讲述故事的时候，有寓意的图片、照片就能很好地营造情感氛围。我们可以上网搜索好图（例如，百度、谷歌、全景网、PANORAM 网），自己拍摄制作，等等都可以。例如，当我们需要与磁铁相关的图片时，进入 PANORAM 网等专业图库网站，可以获取富有视觉冲击力的图片。如果你想要有故事性的图片，可以上 Flickr 网站搜图，Flickr 是全球最大的摄影爱好者交流中心。见图 4-5-13。

图 4-5-13　全景磁铁图片

2. 图片处理

除了可以利用 PPT 的图片样式来给图片加上各种边框、变换各种形状以外，还可以运用删除背景、更改亮度、修改颜色、体现艺术效果等方式来处理图片。

删除背景这个功能在 PowerPoint 2010 中就出现了。原理是通过拖动鼠标来标记要保留的区域和不需要的区域。有了这个功能，教师再也不用学习 Photoshop 抠图了。见图 4-5-14。

图 4-5-14　图片处理

对于自己拍摄的照片，取景不专业也没关系，裁剪一下就好了。我们还可以裁剪成各种形状，甚至可以添加一些装饰线条。拍摄的时候光线不好也没关系，PPT自带更正功能，可以增加亮度和对比度，一键修复。我们看看左、右这两张图，是不是瞬间就从平凡变艺术了呢？见图4-5-15。

图4-5-15 裁剪图片

设计精良的PPT配色往往是高度统一的，而不是五颜六色、花里胡哨。可是，有时候找到的图片却与配色方案不大一致，就会显得很突兀。我们可以用颜色功能进行变色，让它看上去与配色方案尽可能一致。

如果利用这种配色加上动画"渐隐、渐入"的效果，就可以做出从黑白到彩色的光影变化。有时候给图片添加一些艺术效果，会有意想不到的惊喜。比如将一张图片添加虚化效果，就会产生一种朦胧的美。如果将这种虚化效果结合淡入动画，同样可以做出由虚变实的动态效果。

3. 图文排版

除了给图化妆以外，图文的排版也很重要。你觉得图4-5-16这样的排版好看吗？这个教师虽然运用了全图形的PPT，但是这种"不艺术"的艺术字，实在极不协调。而且这张照片本身的清晰度也不高，放大成全图，缺陷更是暴露无遗。

图 4-5-16　全图形 PPT

如果我们把它设计成图 4-5-17 这样，除了更加美观以外，你还看出了什么奥妙？这个课程的主题是非洲歌舞音乐，非洲歌舞音乐给人的感觉是激情、狂野、动感。新的设计方案，很重要的一点是运用了斜线。斜线打破了四平八稳的感觉，斜线的张力让整个画面富有动感和延伸性，既起到了很好的修饰作用，又能更好地传达出非洲歌舞音乐给人的感受。

图 4-5-17　设计后

多图的排版有一种简单办法，就是插入表格。用画表格的方式来进行多个图片和文字的排版，把表格线框修改为无线条。这样既解决了对齐问题，又显得美观大方，操作起来简单快捷。见图 4-5-18。

图 4-5-18　多图排版

另外 PowerPoint 2007 以上的版本有一个新工具叫作 Smartart。这个工具非常适合用来绘制一些逻辑图示，同时可以做多图的排列。比如图 4-5-19 就是用 Smartart 中的六角形群集画出来的。如果再添加一个类型，只要单击这个六边形群集，在弹出的编辑框中插入图片和文字即可，它的好处就在于非常灵活。

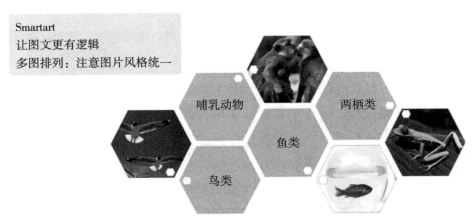

图 4-5-19　六边形群集

四、剪贴画

在微软提供的剪贴画中，有许多卡通插图都是图元文件。这些图元文件可以通过取消组合转化为图形对象。见图 4-5-20。

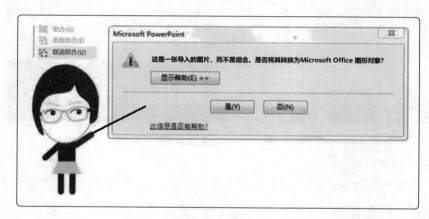

图 4-5-20　取消组合转化为图形对象

转化为图形对象后，就可以利用它们重新设计了，如可以变色、可以删掉不需要的元素、可以与其他图形重新组合，等等。比如，搜出来这样一幅图：一个彪悍的小姑娘追打一只小狗。可是如果要讲的故事不是人追狗，而是狗追人呢？于是就取消组合，再找到一张哭脸图，经过重组、变色，就成了右边这个样子。见图 4-5-21。

图 4-5-21　重组图形

五、绘图工具

PowerPoint 2013 版本新增了一个绘图工具，叫作合并形状，包括联合、组合、拆分、相交、剪除等多种方式，方便我们进行简单的图形绘制。例如，一个 12 角星和一个圆形叠加在一起，通过"剪除"可以得到一个太阳。再如，两个镜像三角形叠在一起，通过"拆分"就变成了一个六边形和六个小三角形。见图 4-5-22。

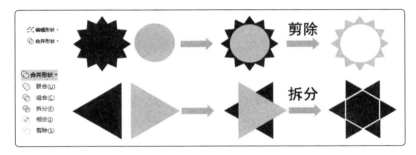

图 4-5-22 合并、裁剪、拆分图片

第六节　制作 PPT 动画锦囊

　　对于一个汇报类 PPT 来说，动画可有可无；对于一般的教学 PPT，动画就是锦上添花；如果用 PPT 来做微视频，动画就是不可或缺的。没有动画的微视频，哪怕画面再优美，也会缺少很多生机。动画串联了文字、图片、图表、多媒体等各种元素。它让整个画面鲜活起来，流动下去。

　　我们先看两个例子：某教师好不容易找到了一张可爱的 gif 动态图，可是这只小黑兔子一直翻转着它的问号，使得观看者的视线没办法聚焦到下面要思考的问题上，这样的动画毫无意义，所以在 PPT 中动态图是要慎用的。

　　再如，有的教师把页面中的每一段话都设置了不同的动画，而且动画显示的速度偏慢，学习过程中浪费了学生的时间。见图 4-6-1。

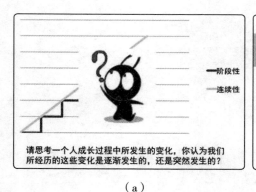

（a）

（b）

图 4-6-1　动画的错误范例

所以我们需要思考：为什么要做动画？动画的意义是什么？

答案是：加强媒体元素之间的连贯性，增加悬念，聚焦特定内容，表达情感，等等。但是，我们要克服"多动症"这个误区，适量的动画可以吸引观众，增强说服力，但没有组合乱搭的动画只会成为累赘。

动画讲究流畅，一个连贯的动作是由几个动画效果按照合适的速度、方向和时间间隔组合而成的。例如，想表现这样一句话："如果你觉得自己不是达人，那就是牛人。"在微课中说这句话的同时，可以让画面显示一个动画组合：第一步，一个达人图像从顶部飞入，设定它的持续时间为 0.25 秒；第二步，1.5 秒以后，这个达人向下浮出；第三步，与第二步同时牛人从顶部飞入，我们可以给它设定一个弹跳结束，显得俏皮一点。这三个动作组合在一起就非常流畅，占用时间也很短，却可以营造出非常活泼欢快的气氛。见图 4-6-2。

图 4-6-2　动画组合

下面分享几个简单实用的动画组合设计。

一、帮助聚焦的动画组合

微视频中大部分动画都是用来帮助聚焦的。我们往往习惯使用进入动画，却不愿涉足消失动画。如果你想要讲授若干条有关联的信息，不要一起呈现，通过动画逐条展现，效果会更好。

比如，教师想要讲授学前儿童心理学是怎样诞生的。教师需要先讲解什么是心理学，然后在心理学的基础上产生了发展心理学，在发展心理学的基础上又诞生了儿童心理学，在儿童心理学的基础上又产生了学前儿童心理学这个分支。出来一条，消失一条，迫使学生的视线一直跟随这个动画关注当前讲解的内容。见图 4-6-3。

什么是学前儿童心理学?

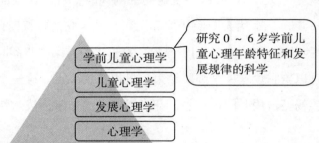

图 4-6-3　学前儿童心理学示例

再如，我们把一张螺旋测微器的图片设置为一定角度的陀螺旋，再沿着一个很短的动作路径移动，最后停的位置正好使两个测量砧与位置一直固定的小球相切。动画清楚地呈现了用螺旋测微器测量小球外径的方法，也让学生的注意力聚焦在运动着的螺旋测微器上，最后静止的画面就等着我们来研究读数了。见图 4-6-4。

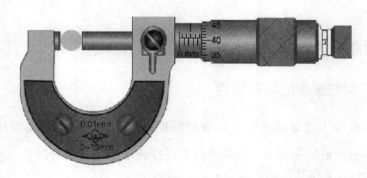

图 4-6-4　动画呈现螺旋测微器测量方法

二、转场动画

PowerPoint 2010 及以上版本添加了很多炫目的转场动画，甚至有 3D 效果，可以去尝试一下。见图 4-6-5。

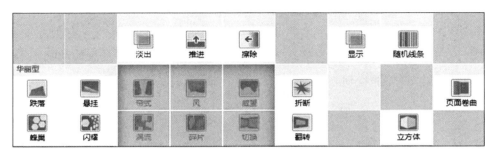

图 4-6-5 转场动画

推进转场可以使画面很好地连接起来。例如，给三个镜头设置不同方向的"推进"，并且下一个镜头保留上一个镜头的部分元素，使得这几个画面之间看起来就有很好的连接。见图 4-6-6。

图 4-6-6 推进转场

三、格式刷和动画刷

格式刷，我们都很熟悉，可以快速复制想要的文字样式。在 PowerPoint 2010 及以上版本中，动画也有格式刷了。如果一个做好的动画需要重复使用于其他对象，就可以运用动画刷来快速实现。动画刷和格式刷的操作方法相同，选中目标刷一下，然后复制到别的对象。单击动画刷，相同动画只复制一次，双击动画刷则可以多次复制。有了这把刷子，很多复杂的动画都不必自己做，只要能找到心仪的 PPT 动画，用动画刷就能一键复制过来。见图 4-6-7。

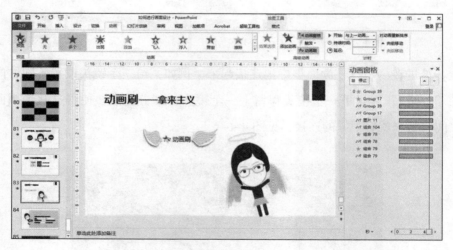

图 4-6-7　动画刷

参考文献

［1］刘长庆.交互式电子白板：课堂教学技术的新趋势［J］.成都大学学报（教育科学版），2007（6）：38-40.

［2］王春华.以交互式电子白板技术实现课堂教学信息化［J］.山东师范大学学报（自然科学版），2006（1）：139-141.

［3］杨霈.初探信息技术与物理课程教学的整合：交互式电子白板在中学物理教学中的应用［J］.物理教师，2009，30（6）：46-47.

［4］蔡健康.核心素养视域下高中物理教学策略探究［J］.高考，2022（17）：21-24.

［5］邢红军.高中物理科学方法教育［M］.北京：中国科学技术出版社，2015.

［6］王力邦，封小超.物理课程与教学论［M］.北京：科学出版社，2005.

［7］蔡福珍.基于核心素养下高中物理实验教学与信息技术融合的实证研究［J］.中学理科园地，2022，18（1）：45-47.

［8］任锋.信息技术与高中物理实验教学融合效果实践研究［J］.高中数理化，2021（S1）：121.

［9］祁天芳.信息技术与高中物理实验教学的整合［J］.甘肃教育，2021（20）：82-84.

［10］刘虹利.浅谈微视频资源在高中物理教学中的应用［J］.文理导航（下旬），2017（4）：73.

［11］施炳旺.浅谈信息技术与高中物理教学整合设计［J］.教课程（下），2017（1）：116-117.